U0154507

視覺藝術領域教材教法

楊思偉　總策劃
黃嘉勝　主編

溫惠珍、王麗惠、曾仰賢
沈翠蓮、王曉菁　　合著

五南圖書出版公司 印行

國立台中教育大學是台灣的師資培育重鎮

　　台中教育大學自 1899 年創校以來，一直培育著建設台灣的菁英師資，在當前師資培育多元化的環境中，不僅穩定地培育師資亦積極地提升教師素質，這是一份對師資培育歷史的負責，亦是本校對台灣教育發展的使命，承繼這份師資培育的光榮使命，台中教育大學正積極發展為重點教育大學。

　　教育大學在高等教育的發展過程中有其獨特性，係因教育大學非僅教育學術的追求，更重視如何培育出優質教師，所以特重教學專業與地方教育輔導，如果僅做好教育研究工作，而沒有培育出優質教師的教育大學，就不是成功的師資培育機構。培育一位優質教師，需要普通課程、任教學科的專門課程、教育專業課程、實習課程等顯著課程，還需要培育師資所需的環境教育、相關制度所構成的潛在課程。潛在課程在潛移默化的過程中，涵養一位優質教師的言行，做到韓愈所謂的「以一身立教，而為師於百千萬年間，其身亡而教存」的師表風範；此外，普通課程協助培育通博涵養，專門課程建立施教課程之專業，教育專業課程則是孕育相關教育知能。

　　一位優質教師不僅要有教育專業，了解整體教育情境與學生需要，也要有任教科目的專門知能，對學生授業與解惑。不過任教學科的專門知能，不僅要有任教「學科的內容知識」，還要有「『教』學科內容的知能」，所以數學教師，不是只要有「數學」專門知識即可，還需要有「教數學」的專門知識。因此，一位優質教師，要具有學科內容教學知識（pedagogical content knowledge, PCK），融合學科內容和教法的知

識，依據學生性向、能力與興趣，將學科內容知識（content knowledge, CK）傳授給學生。基此，本校自 97 年起依據中小學九年一貫課程學習領域之規劃，國語文教學、閩南語教學、英語教學、數學教學、社會教學、自然與生活科技教學、綜合活動學習、藝術與人文學習教學（分成美術與音樂兩組）、健康與體育教學等 10 個教學研究團隊，深入研討各學科之學科內容教學知識，而教育專業研究、幼稚教育專業研究、特殊教育專業研究等 3 個團隊則是積極研討國小師資、幼教師資與特教師資所需的專業知能。

　　本校各學習領域的教學研究團隊與教育專業知能研究團隊，針對國小師資培育所需的教材教法課程，進行一年的全盤性研討，將陸續出版英語教材教法、本土語文教材教法、數學教材教法、自然與生活科技教材教法、社會領域教材教法、健康與體育教材教法、綜合活動教材教法、音樂教材教法、視覺藝術教材教法、寫字教材教法、幼稚園教材教法、身心障礙教材教法、藝術概論、全球華語教材等，這是本校第一期的師資培育課程系列書籍，未來各研究小組將更加深入各學習領域之相關知能，提供師資培育教學所需，發揮本校對於師資培育之中堅穩力、典範傳承的光榮使命與特色。

楊思偉
國立台中教育大學校長

主編序

　　「真、善、美、愛」的身心靈，是生命的最高境界，而教育是一道播種的程序，當世界出現改變的色彩，就是提升的開始。九年一貫「藝術與人文」領域課程中的視覺藝術課程，不僅能涵養學生的藝術視野與能力，在欣賞和創作的實踐中，使學生對於藝術的興趣、操作的技巧、智力的開發、主動的學習、合作的精神、品德的完善等等，各方面來說皆有其不可取代的層面。

　　教學與求知對教師與學生而言，就像探險，學生興奮而好奇面對每一次老師帶來的課程，而老師在每一次課程準備中也吸收新知獲益良多。不過，教師在教材教法的設計與規劃方面，需要架構基本理念與成熟的執行經驗，才能達成教學目標。因此，本書鑑於教師對教材教法參考書籍的需求，特別邀集在美術教育界多年的五位老師們，貢獻實務經驗以及教學觀念，結合完成這本《視覺藝術領域教材教法》專書。

　　首先，本書探討兒童美術教育相關理論，以及國小「藝術與人文領域」教學之基本理念與實施要點，作為教材教法執行時整體之依循內容；第二個部分為教學與實作之示例，分別是彩畫、童玩、版畫、鑑賞、立體造形五個篇章，最後是課程規劃與教學活動設計之要點與實例的分享。第1章「兒童美術教育相關理論探討」及第2章「『藝術與人文』學習領域教學基本理念」由溫惠珍老師撰寫，第3章「彩畫教學與實作」由王麗惠老師撰寫，第4章「童玩教學與實作」由曾仰賢老師撰寫，第5章「版畫教學與實作」由沈翠蓮老師撰寫，第6章「藝術鑑賞教學與實作」由曾仰賢老師撰寫，第7章「立體造形教學與實作」由溫惠珍與王曉菁老師撰寫，第8章「課程規劃與教學活動設計之要點與實例分享」由溫惠珍老師撰寫。

教育熱誠的傳遞，需要透過有效組織與應用方能適當呈現，盼能藉由本書提供國內視覺藝術教師教材教法設計資源，透過範例與思維激盪出教材教法的新發想，提升國小藝術與人文教育內涵。

黃嘉勝

目 錄

第 1 章

兒童美術教育
相關理論探討

温惠珍

藝術，無論古今中外，都被視為有效的教育手段，用以陶冶學生品德、充實知識和發展能力，例如孔子六藝中的音樂，西方人文教育七個自由科中的藝術學科，都是普通教育的內容。當然，藝術自古即為人類生活的方式之一，但較有系統的美術教育制度和美術教育相關理論的研究，還是晚近的事。本文試著從兒童美術教育相關理論的探討，如藝術教育的功能、兒童造形與繪畫發展理論、當代藝術教育思潮等，了解整個兒童美術教育的理論基礎，以作為藝術與人文領域發展課程、編選教材、設計教學活動與實施評量的依據。

本文所稱的兒童，係指國小階段，約 6 至 12 歲兒童。「藝術」、「美術」、「視覺藝術」或「美勞」等名詞，意義上雖有不同，本文不強調其差異性，以傳統習慣或上下文連貫需要，適時採用適當名稱。

藝術教育的功能

藝術教育的價值和目的為何？眾說紛紜，各有不同觀點。我國傳統上比較偏向教化的功能，在西方，大體上主要有兩派論點：工具論與本質論。不同的思想依據、目標取向，必定影響了藝術教育的課程內容與教育方法，我們有必要將這兩種不同觀點加以了解。

一、工具論

此派學者強調透過美術創作促進兒童個性發展，主張教學與評量都必須順應兒童自然的發展，因此十分重視兒童的成長特徵。赫伯特・里德（Herbert Read, 1893-1968）及羅恩菲爾（Viktor Lowenfeld, 1880-1960）是此派理論的主要代表人物。里德主張透過各種藝術型態促進兒童人格的成長，並強調兒童具有「藝術潛能」，教師應指導兒童表現的技巧。羅恩菲爾以兒童的創作為導向，強調透過藝術的教育，達到兒童個性及創造性的發展。此派理論對美術教育影響深遠，依據我國學者黃王來（1998）的看法，主要原因是：

1. 強調兒童是獨立自主的個體，具有自我表現的傾向。兒童經由自我表現，將促進創造性的成長，此理念與 40、50 年代盛行的兒童中心教育運動契合。
2. 重視兒童造形發展的階段性差異，美術教師只要依據兒童發展階段適當引導，即可勝任教學；美術教學不再是艱難的，容易為一般教師所接受。
3. 提倡以創作為導向的美術教育內容，與一般對於美術教育內容的了解頗為一致，其理論易為美術教學所用。
4. 當時較有體系的兒童美術教育的理論，尚未盛行。

前三點是此派美術教育理論的優點，但它亦有其限制及缺點，如：

1. 以兒童為主體，以創作為導向，則美術教育中所包含的知能相當受限制，尤其對於兒童審美能力的培養將難以落實。
2. 視美術教育為培養兒童創造能力的工具，提倡者是泰勒（Jack Taylor, 1975）。創造類型中最低層次，為表現的創造，對於較高層次的創造，如：生產的創造、發明的創造、革新的創造、嶄新的創造等，則付諸闕如。

二、本質論

本質論以艾斯納（Elliot W. Eisner）及古力（W. Dwaine Greer）的理論為代表，他們認為，藝術最重要的貢獻就在於唯有它才能達成的功能。藝術活動若只是達成其他目的的手段，會偏離藝術的本質，使藝術經驗淡化。此派學者強調透過嚴謹的美術課程，指導兒童獲得美術的各種知能，以實現美術學科本身的特有功能。因此，美術教育的內容擴及美學、美術批評、美術史及美術創作，即所謂 DBAE（Discipline-Based Art Education）的美術教育理念。

艾斯納的基本哲學不外以下幾點（黃壬來，1998）：

1. 美術教育的主要價值，在於它對個人經驗的獨特貢獻。
2. 美術能力並非自然成長的結果，而是學習的結果。
3. 對個人有益的美術學習領域為：創作、批評與歷史。

4.優良的美術教育有賴於良好的課程設計，此課程設計應包括目標、內容、學習活動及材料之擬定。

5.美術學習可以透過正式或非正式的方式加以評量，評量將有助於師生了解他們的學習進展。

艾斯納的美術教育理論優點有：

1.將美術教育課程擴及美學、美術批評、美術史及美術創作，而不是只侷限於美術創作。

2.將美術視為一門學科，重視課程之設計，以嚴謹的課程設計將美術創作、美學、美術批評及美術史等領域涉及的範圍，作具有連續性與層次性的安排。

艾斯納的美術教育理論缺點是：

1.並未對各領域之間的聯繫做規劃，兒童在美術課程獲得各領域之知能，沒有橫向的應用及轉化。

2.美學、美術批評、美術史及美術創作的美術教育內容過於理性、僵化，忽略藝術教育情感、情操等感性的部分。

 兒童造形與繪畫發展理論

兒童美術教育的實施，應考量兒童生理年齡、心智年齡與繪畫能力的發展。對於兒童繪畫發展，近年來多位學者，如：羅恩菲爾（Viktor Lowenfeld）、艾斯納（Eisner）、里德（H. Read）、巴特（Burt）、海格‧恩（Helga Eng）等人，都提出不同的看法。以下介紹最常被應用的兒童繪畫發展階段論。

一、皮亞傑的認知發展論

皮亞傑（Piaget, 1896-1980）是瑞士的教育心理學家，他的認知發展理論（cognitive development）是近代認知心理學中最重要的理論之一。皮亞傑根據他長期對於兒童的觀察與研究，認為兒童的認知發展係

依照感覺動作期（Sensory-Motor Period）、運思前期（Preoperational Period）、具體運思期（Concrete Operational Period）和形式操作期（Formal Operational Period）循序發展而來的。任何人的成長都需經歷此四個階段，其成長的快慢可能因為個人或文化背景不同而有差異，但因每一階段的發展都是後一階段發展的基礎，所以四個時期的發展順序是不會改變的。

（一）感覺動作期，0-2歲

1. 憑感覺與動作發揮其基模功能。
2. 由本能性的反射動作到目的性的活動。
3. 對物體認識具有物體恆存性概念。

（二）運思前期，2-7歲

1. 能使用語言表達概念，但有自我中心傾向。
2. 能使用符號代表實物。
3. 能思維但不合邏輯，不能見到事物的全面。

（三）具體運思期，7-11歲

1. 能根據具體經驗去推理以解決問題。
2. 能作可逆性思考。
3. 能認知事物變化中的恆常性。

（四）形式運思期，11歲以後

1. 能作抽象思考。
2. 能按假設驗證的科學法則解決問題。
3. 能按形式邏輯的法則去思維問題。

雖然皮亞傑的階段等級在當代曾遭受不少批評，但仍可應用於藝術教育，探究人類學習藝術領域的內容和方法。

二、羅恩菲爾的創造與心智成長理論

羅恩菲爾（Viktor Lowenfeld）在《創造與心智的成長》（*Creative and Mental Growth*）一書中，深入探討兒童創作與心智發展的關係。依據羅恩菲爾的研究發現，兒童的繪畫造形受其情緒、智能、生理、知覺、社會性、審美與創造影響，呈現階段性發展。羅恩菲爾的兒童繪畫發展階段：

(一)塗鴉期（Scribbling Stage），2-4 歲

此乃自我表現的開始時期。幼兒在 2 歲左右，開始發展出一些手眼協調能力，可以拿筆在紙上作無規則、無秩序的塗鴉。手、眼、腦逐漸產生協調，塗鴉也從無法控制發展為能夠控制的狀況，對於塗鴉的「線」或「形」會加以命名。

1. 隨意塗鴉（2 歲）：簡單、機械化、無秩序地在紙上隨意揮動，是一種無法控制的肢體動作所留下的痕跡，這時幼兒享受塗鴉的滿足和快感。
2. 控制塗鴉（2.5 歲）：此時幼兒的手、眼、腦逐漸產生協調，開始意識到畫在紙上的線條與肢體動作的關聯。此時會重複相似或相同的線條，逐漸從大圓圈線條到出現單一小圓圈。
3. 命名塗鴉（3 歲）：出現封閉線條，發展出「圖」與「地」關係的概念，會告訴他人所畫的物件名稱，但主題無恆定性。此時是從單純的肌肉運動轉變到圖畫心象思考。

(二)前圖式期（Preschematic Stage），4-7 歲

此時期幼兒對周遭環境的探索興趣濃厚，他們在繪畫時表達並記錄他的心象思考。人像是這個時期最先出現的圖畫象徵（graphic symbols），但只以一個圓形代表頭，延伸的線條代表手和腳，即所謂的蝌蚪人。接著會出現房子、樹或其他東西，呈現多樣式的面貌，但缺乏空間前後、物體大小概念。物件的大小由自我內心的感覺決定，用色主觀，以自己的興趣選擇色彩，而非依據物體的固有色。

(三)圖式期（Schematic Stage），7-9歲

此期乃是形式觀念達成的階段。兒童在 7 歲左右，不論是對於人或物，逐漸發展出自己的圖畫概念或認知基模（schema），並成為他滿意的固定符號象徵。這些特定的個人象徵符號，會反覆出現，稱為「圖式」或「樣式」。此時期的繪畫表達有幾個特徵：

1. 反覆出現個人化的符號，例如對於人、房子、樹或花有固定模式的表現圖形。
2. 出現基底線與天空線：基底線代表大地，並沿著基底線依序排列事物，有時以紙邊作為基底線。天空常常是以一條長線或一片色彩放在畫面的上端來象徵。
3. 空間表現呈多樣的面貌，如展開法、平面垂直混合法、X 光透視法、鳥瞰法、時間空間混合法。
4. 誇大或省略的表現法：兒童會依自身的經驗或此經驗對他的重要性，在原本發展出來的圖式上，作誇大、強調或省略的表現。
5. 色彩的使用：發展出物體固有色的概念，例如畫草用綠色，畫天空用藍色。

(四)寫實萌芽期（Dawning Realism Stage），9-11歲

此期正逢黨群期（The Gang Age），兒童發現他們是所處的環境的一份子，開始重視團體生活與活動，喜歡與同性同伴結群，並了解合作的重要。寫實觀念的萌芽，開始嘗試將現實表現為視覺概念，繪畫的主要特徵有：

1. 有細部的描繪，但畫面較僵硬，缺乏彈性。
2. 注意到空間關係，出現重疊的技巧，層次較豐富，物體不再只是單獨的排列在基底線上，會用心去組織畫面物件之間的關聯性。
3. 對顏色的運用較豐富，且能辨識及表現色彩的變化，不再只是採用固有色。
4. 觀察力強，開始強調性別特徵。

羅恩菲爾發現約有 47% 的兒童偏重使用視覺感官探索環境，即所

調的視覺型；23% 偏重使用觸覺探索，是為觸覺型，其餘介於兩者之間（Delphi Fans, 2007）。

視覺型的特點：

1. 透視的表現，強調三度空間。
2. 遠處物體明顯縮小。
3. 注重氣氛與光影變化。

觸覺型的特點：

1. 強調內在情感的表現。
2. 不重視固有色。

(五)擬似寫實期（Pseudo-Naturalistic Stage），12-14 歲

此時期乃是推理年齡階段。這時期是很尷尬的年紀，游走在小孩和大人之間。不再以內心所想的世界來描繪物體，而是以自然界觀察到的現象來描繪，並也漸漸覺察到自己美術作品的優劣，開始轉為重視完成的美術作品，以及作品能否被同儕、成人和創造者本人所接受的情形（侯禎塘，2002）。此期兒童在繪畫表現上的特質是：

1. 描述細節的人像畫，人像的動作較靈活生動，不似寫實萌芽期時僵硬呆板。
2. 空間的表現愈趨複雜化，表現單點透視的畫面和具有遠近感的畫面，有時也會強調裝飾效果，喜歡幻想的主題。
3. 誇大男女性別特徵的差異，此現象反映此階段兒童已關心自己的身體變化。

(六)決定時期（Decision Stage），14-17 歲

青春期繪畫（Adolescent Art）表現與擬似寫實期類似。

1. 關心作品的細節、光線和陰影，強調事物的主觀性。
2. 空間表現喜歡遠近法、透視法的描繪方式。
3. 人像畫嘗試寫實的表現，包括描繪人像比例和觀察到的細節動作。

羅恩菲爾的兒童創作階段發展理論的主要論點在於：透過美術教育提供兒童自我探索和成長改變的途徑，讓學生有面對自我、表現自我的機會，並經由自由表現，促進兒童個性與創造性的發展。另外，羅恩菲爾也強調兒童繪畫發展的階段性差異，繪畫發展與兒童情緒、智能、生理、知覺、社會性、審美與創造的發展密切相關，為這些發展的反映。因此，他主張美術教育必須依據兒童繪畫發展階段，提供適切的題材及材料，營造自由、無干擾的環境，讓兒童自由自在地發揮內在潛藏的創造力。

三、艾斯納的兒童繪畫發展階段

　　艾斯納（Eisner）是藝術教育研究與藝術課程理論的學者，他以本身的藝術經驗和藝術素養形成獨樹一格的藝術教育思想體系。他將兒童繪畫表現的階段，區分如下（劉豐榮，1991；郭榮瑞，2004）：

(一)機能快感階段（Function-Pleasure Stage）

　　兒童最早的興趣並不在於他所想的意象或理念，而是視覺與運動的刺激。這些刺激來自於材料的使用，兒童所獲得的滿足，是一種操作材料時所產生的刺激與滿足。

(二)圖畫記述階段（Pictographs Stage）

　　大約在 3、4 歲時，兒童開始創造象徵世界的符號，其活動具有說故事的特徵，透過所謂的「圖畫記述」以簡化的、平面的方式來呈現物體。

(三)再現的階段（Representational Stage）

　　此時的兒童漸漸對圖畫記述的樣式不滿，想要以更廣泛、更適當的技巧，創造更具說服力的圖畫。「看起來正確」，在此時期是繪畫的重點。

(四)美感表現階段（Aesthetic-Expressive Stage）

此階段開始於青春期，並且是兒童藝術表現的核心。兒童於此時相當注重作品美感和表現的層面。然而，只有少數的兒童達到實現美感與表現的技巧。

在兒童各個階段的創作中，關注美感的表現是存在的，只是程度不同罷了。艾斯納認為兒童在機能快感時期，美感的滿足來自親身的參與；圖畫記述階段，美感滿足來自視覺的故事敘述；再現階段的美感滿足，則在於漸趨成熟的感覺；最後，美感表現階段則是關注在形式的美感與表現。

 # 兒童審美心理發展理論

審美的心理歷程十分複雜，涉及知覺、推想、判斷與感情等心理活動。對於審美心理的研究，大體上有實徵調查與哲學思辯兩種方法。在實徵調查研究中，又以美感知覺與美感判斷為多（陳朝平、黃壬來，1995）。茲舉美國心理學家高德納（H. Gardner）與帕森斯（M. J. Parsons）兩人的審美發展研究如下：

一、高德納的審美發展研究

高德納於 1970 年主導哈佛大學的一項稱為「零計畫」（Project Zero）的研究，這項計畫研究兒童及青少年的藝術製作、對藝術的反應、符號的使用等發展，而美感的發展為該計畫重要的一環。該研究最後歸納出五個美感發展階段（陳朝平、黃壬來，1995）：

(一)嬰兒知覺階段（0-2 歲）

此階段相當於皮亞傑認知發展論中的「感覺動作期」，其認知發展依靠感覺器官和運動神經的協調。此時期兒童逐漸對人和客觀環境有

所認識，對於人類表情與態度的意義有所了解。尤其到後期能夠分辨顏色、大小、質感等特性，對其日後美感知覺的發展影響很大。

（二）符號認知階段（2-7歲）

此階段相當於皮亞傑認知發展論中的「運思前期」。此時期兒童對外界的認知僅憑主觀直覺，是「自我中心」的。兒童會運用心象與圖像來代表實際的事物，這些都成為美感知覺的要素。

（三）寫實主義的高峰階段（7-9歲）

此階段相當於皮亞傑認知發展論中的「具體運思」的前半期。此階段的兒童開始脫離自我中心的思考方式，思考較合理，能根據實際存在的事物，選擇適當的用語來描述其觀察。此期兒童的認知結構是「服膺規則導向」，認為繪畫是真實世界的模仿，判斷作品的好壞是以寫實與否為規準。

（四）打破寫實主義與美感的萌生階段（9-13歲）

此時期兒童不再強調作品與真實世界之間的關係，能注意圖畫、文學、音樂作品中的「風格因素」與獨特的藝術特徵。他能擺脫極端寫實主義束縛，欣賞不同風格的作品，對藝術媒材有較深入的認識，並且能出現自己的特殊品味。

（五）美感投入的轉機階段（13-20歲）

此階段的青少年發展出較成熟的美感判斷，其特徵如下：
1. 具有批判性的選擇能力。
2. 要求深入的了解藝術。
3. 建立形式的分析能力。
4. 建立相對的判斷規準。

以上高德納所提出的審美發展階段，基本上是以美感判斷為主要分析內容所獲致之結果。不同階段所顯現的特徵，指出了從出生到成年的

審美發展。這項研究的工具雖遭受批評，但其審美發展特徵，在日後審美教育上有其意義和價值。

二、帕森斯的審美發展研究

帕森斯採認知心理學的觀點，探究美感經驗與藝術鑑賞的認知過程。他運用晤談的方式測試觀者對八幅名畫複製品的意見研究，所得的結果經過分析，建立「四向五階的美術鑑賞能力發展理論模式」。「四向」指研究的四個主題：題材、媒材、形式風格、判斷；「五階」是將藝術鑑賞能力的發展分為五個階段，不同階段的兒童進行藝術鑑賞時有以下幾個不同特徵：

(一) 主觀偏好階段

1. 對所有繪畫皆為直覺性的喜愛。
2. 會被色彩強烈的吸引。
3. 對作品的評斷皆是個人喜好，無客觀標準。

(二) 美與寫實階段

1. 開始能區分「與繪畫有關的美感經驗」及「與繪畫無關的經驗」，故以客觀觀察代替主觀偏好。
2. 認為繪畫的目的是將某些事物再現出來。
3. 對作品的評斷標準是寫實和技巧。

(三) 表現性階段

1. 認為作品的表現性重於題材的美。
2. 認同深刻表達感情和內涵才是重要的，寫實和技巧本身並非目的。
3. 創造性、獨特性和感情的強度，才是判斷作品優劣的主要依據。

（四）形式和風格階段

1. 減低主觀的情感成分，重視作品本身的媒材、形式和風格。
2. 透過歷史傳統了解作品的社會、文化層面，分析風格之間的關係。

（五）自律階段

1. 以自己的價值觀來作判斷，此價值觀經過傳統的薰陶但並未受制約。
2. 同時具備個人和社會的判斷能力，最後仍以個人的自我經驗為依歸。
3. 評斷作品是一種理性論證的能力，同時也依賴個人的意見。

以上可知，觀賞者的美感反應，將隨著年齡的增長與對特定概念的成熟而變化。此外，社會環境與教育養成都將比年齡更具影響力，因此良好的環境和教育，將有助於鑑賞能力的發展。

 當代藝術教育思潮

西方當代的主要藝術教育理論，包括以羅恩菲爾的理論為主導的「兒童中心」藝術教育、艾斯納的理論為主導的「學科本位」藝術教育，以及受後現代主義的思潮影響的「社會取向」藝術教育。此外，還有科技教育思潮的藝術教育及全人發展的藝術教育思潮。茲就以上五種不同的教育觀點，分別加以說明：

一、兒童中心的藝術教育

兒童中心的藝術教育（Child-Centered Art Education）理論是以兒童的興趣、動機和需要為中心安排課程，強調兒童的自發性，注意兒童創造性思維的發展。它的主要代表人物為英國著名的藝術教育家和藝術

理論家赫伯特‧里德,和美國教育的泰斗羅恩菲爾。他們認為:

1. 美術教育在於啟發個人潛能,提供兒童自我表現的機會,以發展他們的個性、智力和創造力。
2. 藝術表現是由內而外的過程,是自然成長的表徵。
3. 藝術教育必須順應個人與生俱來的創造性,並促其開展。
4. 「教」會傷害兒童的創造力或將成人標準強加兒童,教師只不過是材料的供應者和鼓勵者。
5. 學習評量應著重創作過程,而不是學習結果。

基於以上理念,藝術教育的目標在於開發兒童的創造性並促進兒童人格的健全發展。教育內容以藝術創作為範疇,無系統性課程和預先決定的教材,而且反對以成人藝術品為學習內容,以免阻礙兒童的自我表現和創造性的發展。在教學方法上著重啟發、鼓勵和支持兒童的自我表現,依照藝術心理的成長發展階段引導,學習評量著重創作過程(陳朝平、黃壬來,1995)。

二、學科本位的藝術教育

學科本位的藝術教育(Discipline-Based Art Education,簡稱DBAE)理論源於布魯納(Bruner)的認知心理學,80 年代中期興起,代表人物有艾斯納(Eisner)、古力(W. D. Greer)、克拉克(G. A. Clark)等人。此派學者認為藝術應為普通教育中的一門獨立學科,其課程內涵應包括美學、藝術批評、藝術史和藝術創作,主張以教育和課程為中心。在教學上著重教師的指導和學生藝術概念的獲得,兼顧學習過程和結果,並以行為目標和表現目標為依據評量學習成就。在課程組織上也顧及兒童發展程度,為教材難易程度的依據,而不是以創造性和人格的統整發展為目的(陳朝平,2000)。

學科取向的藝術教育,學生除了以世界有名的經典之作學習藝術史、美學外,也要創作藝術作品,但創作的主要目的在於增進美學經驗,以及對藝術作品的了解。因此,鼓勵學生主動探索視覺經驗和藝術名作,並了解藝術史,研究藝術世界的成就與價值體系,是藝術教育的

主要目標。並且，他們認為藝術是一門自主的學科，自成一套價值觀與思維方式，必須由藝術專任教師來負責。

學科取向的藝術教育的優點是：藝術教育課程有組織、有系統、具結構化，為藝術教育樹立良好的典範。缺點是：

1. 太重視學術本位，而使教學方式過於僵化，易抹煞學生的創造力。
2. 忽略社會層面對藝術教育的重要性，造成藝術教育與社會間的隔閡與脫序現象。

三、社會取向的藝術教育

社區取向的藝術教育課程主要源於多元文化藝術教育的理念，它是以藝術與文化多元角度的觀點，深入了解藝術、文化與社區環境及生活之脈絡關係（陳箐繡，2000；徐秀菊，2001）。而其主要目標是透過藝術教育的課程，引導學生探究社區的環境脈絡與人文特色、理解社區的文化、加強學生對社區的參與、增進彼此的了解與尊重，進而重視與發展社區的文化資源。此一藝術教育理論主張藝術是一個動態的媒介，也是可變動且無定型的結構。社會結構持續變動與重組，藝術教育應隨社會的重建而改變，並促進社會的公平，接納與尊重不同的性別、種族或文化。教育內容包括不同文化的各種視覺文化，在教學上除了探討作品的形式要素外，也要了解社會政治層面的特性與效果。

藝術教育為何要走入社區，陳箐繡（2000）從後現代的觀點提出三個理由來說明：

1. 藝術教育型態必須重建：單一化、制式化的課程已無法滿足不同地區與學生的特殊需求，必須轉化為動態的觀點，此動態觀點來自於學生生活的環境與社區。
2. 社會文化觀念必須重建：藝術教育應破除「非純藝術」就不是藝術的教育迷思，改變以往過分關注媒材、形式的探索，朝向探索藝術、觀念與社會文化、政治的關係。
3. 人與環境關係必須重建：藝術教師應協助學生探索構成社區環境

的元素，並重新建立人與自然環境的和諧關係。

如何規劃有關社區取向藝術教育，可從三方面來思考（徐秀菊，2001）：

1. 以社區資源為教材主體，切合教材生活化原則。
2. 以社區參與的方式實地觀察，延伸教學場域。
3. 與社區互動，增加孩子對社區文化主動探索的能力。

要描述美術教育的社會觀，範圍實在太廣，舉凡性別、膚色、種族、經濟、政治、社區、自然環境與虛擬環境。社會取向的美術教育，事實上代表的是視覺文化與社區文化生活化的精神。不可否認的，藝術是社會的產物，美術教育具有一定程度的社會教育功能。美術教師要引導學生與他們的社區互動和對話，了解藝術的社會觀點，將社會議題與視覺文化內涵做結合，如此才能使藝術切入學生的生活中，與生活作連結。

社會取向的藝術教育的優點是：強調藝術教育的社會進化本質與教育社會功能，重視多元文化以及民主參與，對兒童中心或學科本位的藝術教育都有補充的作用。缺點是強調社會公平及藝術品的背景理解，忽視藝術的創造思考與審美教育功能，有使藝術教育淪為社會附庸之虞。

四、科技教育思潮

21 世紀是一個高科技的時代，也是一個以通訊電腦為網路的資訊時代，企業界面臨「創新」和「速度」兩極不可避免的趨勢之衝擊，並邁向高科技與高競爭的後工業社會（黃壬來，2002）。科技教育就是將科學技術視為一種知識體，並作為普通教育的內容，研究應用知識，來解決問題並拓展人類的潛能，以因應科技社會的需要和科技急速發展的教育思潮。當前的視覺文化充斥，大眾傳播的視覺影像甚至支配了社會的價值觀，科技媒體成為藝術創作的重要工具，所以科技教育受到相當程度的重視。或許，科技教育未必成為藝術教育的主要目標，但必定對視覺藝術的課程內容與教學方法有所影響。

五、全人發展的藝術教育思潮

「全人」即完整的人或各方面均衡發展均衡的人。全人發展觀的美術教育思想，融合了兒童中心、學科本位、社會取向以及科技教育的觀點，是依據兒童成長與需求，妥善地規劃課程，採用適宜的教學方法，並因應社會的變遷，促進社會發展的一種美術教育理論。全人發展的教育要包含一個人一生的教育；國民教育是全人教育的基礎階段，國民教育中每個領域的學習都有它的獨立目的、任務、內涵與方法。

21 世紀的公民，必須具備人文情懷、統整能力、民主素養、鄉土與國際意識，以及能進行終身學習等人格特質。這種全人發展的教育要以藝術教育為核心，開創教育新的里程碑。由於藝術的形式與內容日益複雜，藝術教育的理念也隨時代環境、政教制度與思想潮流而轉變，以上無論是兒童中心或社會中心，都有其時代意義。以當今而言，理想的藝術教育應具備教育三向度與視覺藝術三特質（郭榮瑞，2004）。

(一) 理想的藝術教育三向度

理想的藝術教育應兼顧兒童中心、學科中心、社會中心三個向度，以及視覺藝術三特質——意義與內容結構、美感形式結構、媒材技法結構。單尼斯‧勞頓（D. Lawton）的情境中心論（The Situation-Center

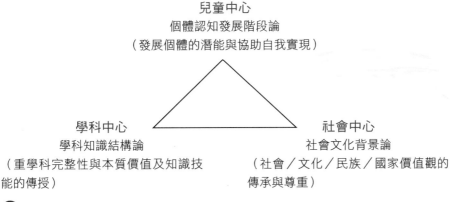

圖 1.1　藝術教育三向度（引自郭榮瑞，2004）

View）課程編製理論，即綜合兒童中心論、學科中心論、社會中心論的觀點（鍾啟泉，1991）。艾斯納（E. W. Eisner）也提出理想的藝術教育課程設計與編製，應兼具這三種觀點（郭禎祥，1991）。圖示如下：

（二）視覺藝術三特質

　　視覺藝術創作與鑑賞活動，不外乎透過媒材技法結構、美感形式結構、及意義與內容結構等特質進行，理想的視覺藝術活動是兼具這三面向的。圖示如下：

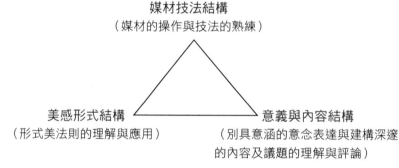

圖1.2　視覺藝術三特質（引自郭榮瑞，2004）

參考文獻

Delphi Fans（2007.6.23）。西方現代美術教育理論中的工具論和本質論。免費論文網。2009.10.01，取自：http：//www.100paper.com/100paper/yishu/meishu/20070623/25181_2.html

王秀雄（1998）。觀賞、認知、解釋與評價：美術鑑賞教育的學理與實務。台北市：國立歷史博物館。

王德育譯（1980）。創造與心智的成長：透過藝術談兒童教育。台北縣：文泉。

林曼麗（1990）。台灣視覺藝術教育研究。台北市：雄獅。

侯禎塘（2002）。兒童美術發展與特殊兒童美術教育。特殊教育文集（四）。2009.10.01，取自教育部特殊教育通報網網頁：http：//kuso.cc/544T

徐秀菊（2001）。社區取向之藝術統整課程與教學。社區、文化與藝術教育國際學術研討會論文集。國立花蓮師院出版。

郭有遹（2001）。創造心理學。台北市：正中。

陳朝平、黃壬來（1995）。國小美勞科教材。台北市：五南圖書出版公司。

陳朝平（2000）。藝術概論。台北市：五南圖書出版公司。

陳菁繡（2000）。走入社區環境的藝術教育課程：嘉義布袋的聯想。美育，*116*，18-25。

郭禎祥（1991）。藝術視覺的教育。台北市：廠聯貿易。

郭榮瑞（2004）。藝術與人文能力指標轉化之前提——以視覺藝術為例。教師天地，*130*，4-13。

黃壬來（1998）。幼兒造形藝術教學：統合理論之應用。台北市：五南圖書出版公司。

黃壬來（2002）。藝術與人文教育。台北縣：桂冠。

漢寶德（2006）。漢寶德談藝術教育。台北市：典藏藝術家庭。

劉仲嚴（2004）。藝術教育學新論：後現代藝術教育。香港：香港藝術發展局。

劉美玲譯（2003）。藝術教育的本質。台北市：五觀藝術管理。

劉豐榮（1991）。A Critical Review of Measurement Instruments in Knowledge about Art。嘉義師院學報，*5*，451-470。

鍾啟泉（1991）。現代課程論。台北市：五南圖書出版公司。

蘇振明等（1999）。藝術教育教師手冊——國小美術篇。台北市：國立台灣藝術
　　教育館。

第  章

「藝術與人文」
學習領域教學基本理念

温惠珍

台灣的美術教育，自光復以來在學校課程中就占有一席之地。美術教育研究漸漸蔚為風氣，相關的學術研討會頻仍，對西方藝術教育理論的介紹，影響了藝術教育的方向與課程內容，並且引發對本土教育的重視。中小學美術課程歷來都有國定標準，為了因應社會變遷與教育思潮的演變，課程標準也不斷的制定和修正。近年來，教育部為了因應社會國家發展的需求，以及回應社會對教育改革的期許，自 86 年開始規劃修訂國民教育階段的課程，於 87 年完成「國民教育九年一貫課程總綱」，89 年完成各學習領域課程「暫行綱要」，於 90 年 8 月開始逐年實施。九年一貫課程之課程綱要到目前為止，實施已近 10 年，一般教師對於課程綱要的精神、內涵是否深入了解，實在值得商榷。本章從歷次課程標準的演變、九年一貫課程課程綱要「藝術與人文領域」的內涵，包括基本理念、課程目標、實施要點、能力指標、素養指標、課程統整等分別加以深入探討，並對 97 年修訂課程綱要之特色加以說明。

壹 課程標準的演變

課程標準的變革是當代美術教育思潮的反映。台灣藝術教育的發展，一直是在東西方藝術教育思潮的擺盪中隨之起舞。在 1945 年之前受日本影響，大多循著日本的「圖畫科」課程進行，其教材內容與形式和日本本土的美術教育沒有太大差別。在 60 年代以後，西方的主要藝術教育理論，包括以羅恩菲爾（V. Lowenfeld）的理論為主導的「兒童中心」藝術教育、艾斯納（Eisner）的理論為主導的「學科本位」藝術教育，以及 90 年代以來，受後現代主義思潮影響的「社會取向」藝術教育，都對台灣藝術教育思潮影響深遠，也造成課程標準歷次的變革。茲將課程標準的演變略述如下：

1. 民國 18 年，教育部首次頒布實施「小學課程暫行標準」，從民國 20 年至 45 年，因應國家局勢與社會變革，歷經 5 次修訂。

2. 民國 48 年至 50 年，第 6 次修訂標準，加強民族精神教育、科學教育與生產勞動教育，以培養「身心平衡、手腦並用、智德兼

修、文武合一」的健全國民。

3. 民國 56 年，教育部為配合九年國民教育之實施，進行第 7 次修訂。在「國民小學暫行課程標準」中，將國民小學美術課程分為「工作、美術、勞作」三科。特別注重順應兒童身心發展的程序，加強美術設計教育的教學，建立兒童未來職業教育基本知能的基礎。

4. 民國 64 年，為了配合當時教育政策上的要求，同時顧及全部課程的協調，進行第 8 次修訂，將「工作、美術、勞作」三科合併起來成為「美勞科」。

5. 民國 82 年，進行第 9 次修訂，此次頒定之國小新課程標準，揭櫫美勞一科包含「表現」、「審美」和「生活實踐」三大目標。希望藉各種美勞媒材引發兒童豐富的感知、想像與體驗，以發展創造的能力；從觀察與欣賞的活動中，重視自己及他人的作品，辨識自然與人造物之美的原則，以培養敏銳的知覺和美感能力；同時將所得的藝術知能內化，以覺知日常生活事物之美，珍視藝術文物，愛護自然，進而提升生活品味。

6. 民國 89 年，教育部公布「九年一貫課程暫行綱要」，並於民國 90 年 8 月實施，後再修訂為「九年一貫課程綱要」。明白說明課程的主要目標在於「培養具備人本情懷、統整能力、民主素養、鄉土與國際意識，以及能進行終身學習之健全國民」。其中強調以學生生活為主，培養學生具有探索「人與自己、人與社會、人與自然」的基本能力。在「藝術與人文領域」之教材內容涵蓋視覺藝術、音樂與表演藝術等方面的學習，強調融入生活與文化，統整於「探索與表現」、「審美與理解」、「實踐與應用」三大目標主軸中。不同於過去以創造導向或以學科導向的課程模式，九年一貫課程突顯了文化的重要性。「藝術與人文領域」之最終目的在培育學生成為藝術的欣賞者、探索者及文化的護衛者。

7. 民國 97 年，教育部檢討 10 年來台灣藝術教學面臨的問題層次、各研究報告建議，以及實務者、教材編輯者與審查者之相關意見，作了課綱微調修訂，即所謂 97 課綱。

綜合上述，我國美勞教育課程（藝術與人文課程），大致可分四個階段，如下表：

表 2-1 我國美勞教育課程（藝術與人文課程）分期

時間	時代背景	課程名稱	課程目標與重點	思潮
階段一 1945-1967	• 1948-1953 年間，正值台灣光復不久，大陸淪陷，政府遷台，特別重視民族精神教育。 • 1962-1967 年間，注重生產勞動，提升經濟發展。	工作	• 培養民族精神。 • 培養勞動生產能力與職業基本技能。	傳統
階段二 1968-1992	• 1968 年實施九年國民教育，為我國義務教育開創新紀元。 • 40 年代，深受西方以羅恩菲爾和里德為代表人物的「兒童中心藝術教育」理論的影響。	• 1968 年分「工作、美術、勞作」 • 1975 年合併為「美勞」	• 配合民族精神教育政策，加強對傳統藝術的認識與欣賞。 • 順應兒童身心發展程序，輔導其造形活動。 • 透過造形創作與鑑賞活動，提高兒童想像、思考、計畫和解決問題的能力。	兒童中心
階段三 1993-2000	• 我國已進入已開發國家，經濟、科技快速發展。 • 80 年代，美國以學科為本位（簡稱 DBAE）的藝術教育理論，在國內造成風潮。	美勞	• 表現、審美、生活實踐三大領域，重視將習得的審美知能應用於生活中。 • 兼重藝術史、美學、藝術批評、藝術創作。 • 強調鄉土美術、本土美術教育。	學科本位

階段四 2001-	● 社會變遷迅速, 朝向資訊化、全 球化、多元化、 疏離化發展。 ● 全人發展的教育 理念盛行。	藝術與人文	「探索與表現」、「審 美與理解」、「實踐 與應用」。	生活中心 社會中心

資料來源:蘇振明等(1999)。《藝術教育教師手冊──國小美術篇》。台北市:國立
　　　台灣藝術教育館。

貳 「藝術與人文」學習領域課程綱要內容

　　九年一貫課程設計以學生為主體,以生活經驗為重心,培養國民具
備基本能力為核心主軸,包括「了解自我與發展潛能」、「欣賞表現與
創新」、「生涯規劃與終身學習」、「表達、溝通與分享」、「尊重、關懷
與團隊合作」、「文化學習與國際了解」、「規劃、組織與實踐」、「運用
科技與資訊」、「主動探究與研究」、「獨立思考與解決問題」等10項基
本能力。就個體發展、社會文化及自然環境三個面向,將課程分成七大
學習領域,其中「藝術與人文」學習領域綱要內容摘要如下(教育部,
2003a; 2003b):

一、基本理念

　　「藝術與人文」即為「藝術學習與人文素養,是經由藝術陶冶、涵
育人文素養的藝術學習課程」;「本學習領域包含視覺藝術、音樂、表演
藝術等方面的學習,以培養學生藝術知能,鼓勵其積極參與藝文活動,
提升藝術鑑賞能力,陶冶生活情趣,並以啟發藝術潛能與人格健全發展
為目的。」從以上課程綱要基本理念觀察,藝術與人文學習領域具有進
步主義的經驗課程觀、全面的藝術教育觀、後現代藝術課程觀以及視覺
文化意涵(郭榮瑞,2004)。藝術與人文學習領域的課程設計,在課程編
制方面突破學科界線,將視覺藝術、音樂、表演藝術,採統整、合科的

方式，以達到藝術學習的統整。「藝術」與「人文」兩個領域看起來雖不盡相關，但在課程綱要中明白揭示「藝術與人文」是透過藝術（包含視覺藝術、音樂、表演藝術）的學習，涵育人文素養的課程；藝術學習是手段，培養具有人文素養與健全人格的學生才是目標。

到了 97 課綱，對基本理念作了一些釐清（呂燕卿，2008）：

1. 釐清「藝術學習」和「人文素養」並立之關係，以「藝術陶冶」作為本質性核心價值取向。

2. 明示本綱要是為實踐我國藝術教育法中「國民中小學一般藝術教育的目的」。

3. 強調藝術的人文特質，對「藝術與歷史文化、藝術與生活、藝術與環境」的學習層面建立價值觀，及提升創意思考能力的重要性。

4. 當今藝術教育與教學趨勢，重視指導學生「親自參與各類型藝術學習活動經驗」，及學生學習表現、審美與實踐藝術的基本能力，台灣藝術教育將邁入全面性藝術學習階段。

5. 指引如何落實每一位學生「藝術生活」的學習方法與大方向，應提供學生長期自我學習藝術素養與豐富心靈的學習策略。

6. 宏觀 21 世紀台灣藝術課程的時代性意義，在重視生命自身的豐厚，均衡理性科技與感性藝術人文之間的價值，為台灣培養具有素養的文化公民。

二、課程目標

1. 探索與表現：使每位學生能自我探索，覺知環境與個人的關係，運用媒材與形式，從事藝術表現，以豐富生活與心靈。

2. 審美與理解：使每位學生能透過審美及文化活動，體認各種藝術價值、風格及其文化脈絡，珍視藝術文物與作品，並熱忱參與多元文化的藝術活動。

3. 實踐與應用：使每位學生能了解藝術與生活的關聯，透過藝術活動增強對環境的知覺。認識藝術行業，擴展藝術的視野，尊重與

了解藝術創作，並能身體力行實踐於生活中。

傳統的美勞教學往往偏重於技巧的傳授，忽視藝術鑑賞與生活實踐的部分。今日的「藝術與人文」教學，必須同時兼顧探索與表現、審美與理解、實踐與應用三個主軸目標。尤其對於台灣本土文化及多元文化的欣賞與理解，更是重視。因此，九年一貫「藝術與人文學習領域」，旨在擺脫傳統藝術教育偏重技術本位及精緻藝術，主導的教學模式與限制趨向更自主、開放、彈性的全方位人文素養為內容的藝術學習；強調藝術的學習與生活之間的關聯，培養人文方面的素養為主要核心，並以培養學生藝術鑑賞能力、陶冶生活情趣、啟發藝術潛能、樂於參與藝文活動及發展健全人格為目的（林玉山，2002）。97課綱明示「課程目標」兼具本質理論（intrinsic rationales）與非本質理論（extrinsic rationales）之藝術課程目標價值。

三、分段能力指標

分段能力指標是作為轉化教學目標、教學設計、教學策略之依據方向，分為四階段。第一階段一、二年級，有11條指標；第二階段三、四年級，有13條指標；第三階段五、六年級，有14條指標；第四階段七、八、九年級，有11條指標。各階段能力指標條目間具有美育意義的組織結構：從階段內每一條細目（或層次），涵蓋認知、動作技能、情意、社會責任等藝術行為。

以上「藝術與人文」學習領域課程主軸目標，我國學者陳瓊花將它繪成結構圖如下圖2-1。

四、實施要點

藝術與人文領域的實施要點中，對於課程規劃、教材編選、教學活動設計、教學方法、評量方式等，明確指出藝術與人文學習領域所強調的重點，可提供現場教師依循的方向。民國90年課程綱要中實施要點的重點是：

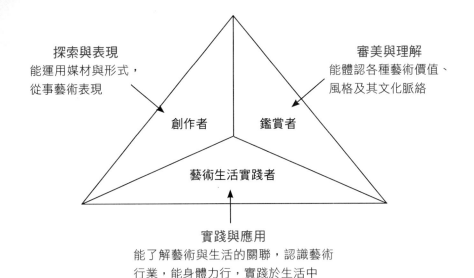

探索與表現
能運用媒材與形式，
從事藝術表現

審美與理解
能體認各種藝術價值、
風格及其文化脈絡

創作者

鑑賞者

藝術生活實踐者

實踐與應用
能了解藝術與生活的關聯，認識藝術
行業，能身體力行，實踐於生活中

圖2-1　「藝術與人文」學習領域課程主軸與目標結構（引自陳瓊花，2004）

1. 學年課程實施計畫的研訂，必須由各校的「藝術與人文學習領域課程研究小組」，依據藝術與人文學習領域分段能力指標，考量學校條件、社會資源、家長期望、學生需求等因素而訂定。

2. 各校得打破學習領域界限，彈性調整學科及教學時數，實施大單元或主題統整式教學。課程設計原則以「主題」統整視覺藝術、音樂、表演藝術等方面的學習及其他學習領域，以幫助學生溝通觀念、表達情感、發展語彙、建立概念，並培養批判思考與創作之統整能力。

3. 教材應涵蓋視覺藝術、音樂、表演藝術與其他綜合形式藝術等的鑑賞與創作，及其與歷史、文化的關係；評價、反思與價值觀的建立；實踐和應用生活藝術；以及聯絡其他學科等範疇。教材選編應依據總綱精神內涵，考慮各地區學生的能力、需要、興趣、生活經驗及各校人力與物力資源、文化特色等條件，做適當的組織、有效的統整，兼具可行性與實用性。

4. 在教學設計方面，教學目標應兼顧知識、技能、情意等範圍，符合教學原理，並考慮學生學習的動機、興趣、能力及程度等個別

差異。在教學方式方面，布置學習情境充分發展藝術有關知能，教學法須多元而彈性，包含各種視覺藝術教學法、音樂教學法、表演藝術教學法等，應充分熟悉、靈活應用，以達成分段能力指標為目的。

5. 教學評量應掌握多元化原則，兼顧「量」與「質」的評量，且可視教學目標、教學範圍、教學方法、教學流程之需要，採取教師評量、學生互評、學生自評等方式，並應用觀察、問答、晤談、問卷調查、軼事記錄、測驗、自陳法、評定量表、檢核表、討論等等方式評量。

　　「實施要點」是 97 課程綱要微調中，修正最多的項目。修訂重點如下（呂燕卿，2008）：

(一)「課程設計」之修訂重點

1. 課程可依視覺藝術、音樂與表演藝術之個別特質設計教學，或以統整視覺藝術、音樂與表演藝術的學習設計教學。
2. 課程統整之原則可運用諸如：相同的美學概念、共同的主題等，連結成有結構組織和美育意義的學習等價值統整。
3. 強調養成欣賞與鑑賞能力，幫助學生溝通觀念和表達情感，鼓勵發展藝術語彙，建立美感觀念，養成審美與展現藝術的能力。
4. 藝術課程與教學應適度融入海洋教育、本土教育、生命教育、環境美育等各種議題，並鼓勵運用媒體教育的資訊科技等。

(二)「教材編選」之修訂重點

1. 教材範圍：本學習領域教材應涵蓋視覺藝術、音樂、表演藝術與其他綜合形式藝術等個別與綜合性的鑑賞與創作，及其與歷史、文化的關係；評價、反思與價值觀的建立；實踐和應用生活藝術及聯絡其他學科等範疇。
2. 基本學習內容要項分述如下：
   (1) 視覺藝術：包含視覺審美知識、媒材、技術與過程的了解與應用；造形要素、構成功能的使用知識等範疇。

(2)音樂：包含音樂知識、音感、認譜、歌唱、樂器演奏、創作、欣賞等範疇。

(3)表演藝術：包含表演知識、聲音與肢體的表達、創作、展演與賞析等範疇。

(4)其他綜合形式藝術之鑑賞基本知能等。

教材範圍與基本學習內容要項加以統整成「教材內容四個面向，即表現試探、基本概念、藝術與歷史文化、藝術與生活」，增列附錄「教材內容」中。

(三)「教學設計」之修訂重點

1. 教學目標強調「藝術認知、動作技能、情意、社會責任價值」等層面。

2. 教學活動安排，宜符合藝術學科學習所應建構概念的邏輯順序。

3. 重視設計補救教學策略，落實素養指標，應考慮學生學習的個別差異，並安排可行的補救教學等。

(四)「教學方法」之修訂重點

1. 在發展技能方面：強調基礎技能展現的重要。

2. 在教學概念方面：強調三個主軸（探索與表現、審美與理解、實踐與運用）藝術能力的建立。

3. 在培養美感態度方面：著重在培養對美的視覺、聽覺、觸覺、動覺感受與知覺，同時注意學生的個別差異需求。

(五)「教學評量」之修訂重點

是 97 課綱微調中最具特色，完全更新，強調突顯藝術與人文領域特質，並精簡可行之「教學評量」內容。修訂文本如下：

1. 評量原則：本學習領域教學評量應依據能力指標及教材內容，採用多元評量方式，並兼顧形成性與總結性評量。可採實作評量、動態評量、真實評量、檔案評量等方式進行，以呈現學生多元的學習表現。

2. 評量的範圍包括探索與表現、審美與理解、實踐與應用的學習歷程及成果評量。

3. 評量方法：

   (1) 運用觀察是藝術領域中最常用的方式，常與探索、操作、示範、口頭描述、解釋、情境判斷、價值體系等方式一起使用。

   (2) 藝術評量涵蓋認知、動作技能、情意、社會責任等藝術行為，包括知道、察覺、探索、組織、評價、操作、合作與互動等行為層次。

   (3) 評量歷程中將學生各種藝術學習活動表現加以記錄，並應用量化形式資料（如：藝術認知測驗、美感態度量表、表現作品、素養指標測驗等）、質化形式資料（如：觀察紀錄、角色扮演、自學計畫、審美札記、藝術生活規劃等），協助學生達到藝術學習與藝術素養的基本能力。

   (4) 善用其他評量方法，如：問答、問卷調查、軼事紀錄、測驗、自陳法、評定量表、檢核表、基準評量、討論等，確實掌握教學目標。

(六) 增列「教材內容」

統整視覺藝術、音樂、表演藝術三方面藝術教學之重要性，將課綱中「教材範圍與基本學習內容要項」加以統整成「教材內容四個面向，即表現試探、基本概念、藝術與歷史文化、藝術與生活」，作為課程內容統整方向與檢驗課程目標的落實效標。

 能力指標及其轉化

一、能力指標之意涵

要了解「能力指標」或「分段能力指標」，首先要了解「能力」是什麼。能力（competence or ability）是經系統化習得的知識、技能、情

意的基本知能，且通過諸如內化、省思、轉化、統合的學習歷程，獲得自我成長、自我變革、自我提高，而活用在生活情境中去解決問題而展現的綜合表現（郭榮瑞，2004）。九年一貫課程「能力指標」，基本上，是一種「能力導向」的「課程目標」，因此進行課程轉化，應該從「能力」的角度思考學生的學習成果，聚焦「培養能力」與「激發能力表徵」。分段能力指標是指以學生為主體，學習到某一階段應習得該階段、該領域學習成就的能力指標，以「分階段」呈現，具「指標」性質，涵蓋該領域學科知識的「基本學力」，與展現生活層面的「基本能力」（呂燕卿，2002）。

分段能力指標以四個階段呈現，條目精簡。第一階段為國小一至二年級，共 11 條（已融入生活課程）；第二階段為國小三至四年級，共 13 條；第三階段為國小五至六年級，共 14 條；第四階段為七至九年級，共 11 條。分段能力指標是教師設計課程與教學的重要依據，也是學習評量的依據。

二、能力指標之轉化

將藝術與人文學習領域的分段能力指標加以轉化，作為決定教學目標、選擇教學內容、設計教學活動及運用教學策略的重要的依據，是教師必備的專業知能。但如何正確掌握能力指標之內涵進行課程轉化，卻是教師們最感困難的課題。要轉化能力指標，首先要先了解各階段能力指標每一條目間，具有美育意義的組織結構，包括嘗試、知道、認識、了解、察覺、探索、選擇、運用、辨識、組織、評價、操作、合作與互動等不同行為的能力層次，以「探索與表現」、「審美與理解」、「實踐與應用」三個主軸目標所列之條目，具有連續性與程序性的組織結構。

(一)轉化十項基本能力和藝術與人文能力指標的程序

依據我國學者呂燕卿的觀點，轉化十項基本能力和藝術與人文能力指標的發展課程程序如下（呂燕卿，2001）：

1.先確定所欲達成之「基本能力」項目。

表 2-2 「基本能力」、「能力指標主題軸」、「能力指標」、「教學目標」、「主要教學活動」之轉化

能力指標	教學目標	主要教學活動	評量計畫
2-3-7 認識環境與生活的關係，反思環境對藝術表現的影響。	1. 能認識泰雅族的歷史文化、風土民情等。 2. 能描述泰雅族藝術與生活的關係。	準備活動 活動一 活動二	方式一 方式二
2-3-6 透過分析、描述、討論等方式，辨認自然物、人造物與藝術品的特徵及要素。	1. 能蒐集泰雅族的文物圖片。 2. 能欣賞泰雅族的各種生活器物之美。 3. 能辨識泰雅族的圖騰，並了解其意義。	準備活動 活動一 活動二 活動三	方式一 方式二 方式三
1-2-3 參與藝術創作活動，能用自己的符號記錄所獲得的知識、技法的特性及心中的感受。	1. 能討論、歸納泰雅族服飾的特色。 2. 能以鉛筆或色筆簡單描繪泰雅族服飾的線條、圖騰。	準備活動 活動一 活動二	方式一 方式二
1-3-1 探索各種不同的藝術創作方式，表現創作的想像力。	1. 能運用合適的媒材，繪製泰雅族服飾。 2. 能將製作好的泰雅服飾，穿著於紙偶上。	準備活動 活動一 活動二	方式一 方式二
2-3-8 使用適當的視覺、聽覺、動覺藝術用語，說明自己和他人作品的特徵和價值。	1. 能說出自己作品的內容意義與表現形式。 2. 能欣賞別人的作品。	準備活動 活動一 活動二	方式一 方式二

2. 了解、詮釋該基本能力的內涵特質。

3. 決定由單學習領域或跨領域來進行能力統整。

4. 對應該領域分段「能力指標」的「能力主軸」項目，並列出該主軸下的指標碼號及內涵。

5. 決定統整主題和單元名稱。

6.訂立教學目標，並分析行為目標。

7.發展教學活動設計，考慮課程統整的策略、教學方式、教學資源、及教學時數等。

8.設計如何發展學生習得「基本能力」的教與學的主要步驟。

9.強調發展探索、發現活動的條件。

10.設計如何落實評量工作。

11.教學後的研究、反思、與資料建檔。

(二) 實例說明

1.基本能力：文化學習與國際了解的能力。

2.藝術與人文課程能力指標主題軸：「探索與表現」、「審美與理解」。

3.跨領域統整主題：泰雅之美。

4.設計者。

5.教學者。

6.教學年級：六年級。

 素養指標及其應用

　　民國 94 年，教育部藝術教育委員會第 57 次會議決議，為建立國民藝術人文素養指標，研訂國中、小藝術與人文素養指標；並編有素養指標解說手冊，提供教師了解所研訂的六年級、九年級素養指標之內容、架構、與能力指標的關係、在教學與課程的定位，以及未來藝術教育發展的運用等方面；並將素養指標之意涵分條列述，以釐清指標所闡述的精神，另列舉音樂、視覺藝術、表演藝術或綜合性之指標相關的教學與評量示例（教育部，2005）。

一、素養指標之功能

1. 作為教師教學時之指引。
2. 作為教師自我檢核課程實施成效之參考指標。
3. 是教師或是課程設計者發展課程之基礎。
4. 可以提供國家、各縣市政府評量學生學習成就和評鑑課程的基礎。
5. 作為藝術教育政策訂定與修正之依據與參考。

二、六年級素養指標內容

　　素養指標是建構在藝術與人文學習領域之「探索與表現」、「審美與理解」及「實踐與應用」各階段分段能力指標的基礎上，具體化在「音樂」、「視覺藝術」、「表演藝術」及「綜合性」所必須具備的基本指標。素養指標內容顧及地區與城鄉之藝術學習差異，因此係以廣博的方式，從情意、認知與技能的內涵，明定學生在藝術與人文方面所應該認識、且能夠做到與具備的基本素養（教育部，2005）。

三、六年級素養指標之意涵（以視覺藝術為例）

　　（一）能說出視覺藝術的形式要素

　　學生能透過理解，正確使用相關的藝術詞彙，了解藝術的視覺元素，例如：線條、造形、色彩、空間等；並說出藝術的形式原則，例如：反覆、漸層、對稱、均衡、調和、對比、比例、節奏、單純、統調等。

　　（二）能使用平面、立體或綜合媒材等，表達自我的情感與想法

　　學生能使用「平面媒材」（如：鉛筆、蠟筆、水彩、粉彩、色鉛筆等）、「立體媒材」（例如：土類、布類、紙類、木材、金屬等）、「綜合

第
2
章
「藝術與人文」學習領域教學基本理念

媒材」（如：肢體、動力、電腦軟體等）等來表達自我的情感與想法，使教學能有適當的選擇及發揮。

(三) 能樂於參與及觀賞至少三場各類型的藝術展演活動，並說出感受和心得

藉由參與及觀賞展演活動（泛指所有校內、外，動態與靜態的活動，如：音樂、戲劇、視覺作品、建築、服裝或裝置、……等，內容亦包含民俗藝術、商業藝術、生活藝術與精緻藝術等），強化學生對藝術的感應，藉由分享與互動的活動，以言語做適當的分享及表達，更可以加深印象與增強對藝術美感的領悟。

(四) 能認識並描述三個國內外音樂家、視覺藝術家、表演藝術家或展演團體，及其相關的人、事、物

在小學畢業前能至少認識三個以上國內或國外的音樂家、視覺藝術家、表演藝術家或表演團體，以及明白有關藝術家個人和團體相關之人、事、物等的各種資訊，主要目的在提高其鑑賞能力。

(五) 能了解藝文展演場所應有的基本禮儀，並至少參訪過一個藝文展演場所

藉由參訪視覺藝術、音樂與表演藝術的展演場所，以認識社區的藝術資源、展演的流程與相關的規範，並進而了解在欣賞展演過程中，所應表現之合宜的基本禮儀。

(六) 能樂於美化生活

本指標的目的是期望學生能在日常生活中，自動自發的花一部分空閒時間在藝術活動上，以調劑身心，並促進生活中的美感與和諧。

四、六年級素養指標之運用

了解素養指標的意義與內涵，還需靈活應用於教學與評量上，才能

發揮其功能。至於如何應用素養指標，試以視覺藝術之一指標為例，說明如下表：

表 2-3　素養指標之應用

素養指標	教學舉例	評量舉例
2-1 能説出視覺藝術的形式要素。	例1：教師先以 PowerPoint 講解「直線」、「曲線」、「空間」、「光影」等視覺的要素，然後以書籍雜誌的圖片或畫作為例，讓學生從圖片或畫作中，了解「點」、「線」、「空間」、「光影」等特性，並深入認識視覺藝術的要素。	例1：讓學生從日常生活器物或玩具中，蒐集融入「直線」、「曲線」、「實空間」、「虛空間」、「光影」等視覺元素的物品，並作口頭報告，由師生共同評量。
	例2：教師先以 PowerPoint 講解「對比」、「均衡」、「反覆」、「對稱」、「律動」等形式原則，然後以生活或校園中的事物圖片為例，讓學生從圖片中的實物，了解日常生活中的事物結構，以及美的形式原理。	例2：帶領學生到校園，讓學生從校園的建築、植物……中，尋找符合「對比」、「均衡」、「反覆」等美感原理的事物；並且説明找到的這個景物，為什麼符合該美感原理。觀察或記錄學生能否找到、能否説明，以及説明是否正確，便可據以評量其對視覺形式要素與原則的理解程度。

參考文獻

呂桂生（1996）。國民小學美勞科教材教法。台南市：南一。

呂燕卿（2001）。藝術與人文基本能力轉化課程設計之發展順序。論文研究，

美術教育。2009.10.01，取自新竹教育大學數位藝術教育學習網網頁：http://www.aerc.nhcue.edu.tw/

呂燕卿（2002）。九年一貫藝術與人文領域之能力指標轉化與實踐。國教世紀，202，5-8。

呂燕卿（2008）。藝術與人文學習領域 97 課程綱要之新理念及其特色。http://art0913.pixnet.net/blog/post/24872855

林玉山（2002）。藝術與人文學習領域課程設計理論與實務之探討。國立彰化師範大學文學院學報（第一期）。2009.10.01，取自國立屏東教育大學教師教學網站網頁：http://cclearn.npue.edu.tw/tuition/piano-web/study/da/word/file3.doc

林曼麗（1990）。台灣視覺藝術教育研究。台北市：雄獅。

林曼麗等著（2001）。藝術‧人文‧新契機：視覺藝術教育課程改革論文集。台北市：國立台灣藝術教育館。

胡邦欣（2002）。藝術與人文學習領域輕鬆上手。高雄市：復文。

教育部（2001）。國民中小學九年一貫課程暫行綱要。台北市：教育部。

教育部（2003a）。國民中小學九年一貫課程綱要。台北市：教育部。

教育部（2003b）。藝術與人文學習領域教學示例手冊。台北市：教育部。

教育部（2005）。藝術與人文學習領域六年級、九年級基本素養指標解說手冊。台北市：教育部。

陳朝平、黃壬來（1995）。國小美勞科教材教法。台北市：五南圖書出版公司。

陳瓊花（2004）。視覺藝術教育。台北市：三民。

郭榮瑞（2004）。藝術與人文能力指標轉化之前提——以視覺藝術為例。教師天地，130，4-13。

黃壬來（2002）。藝術與人文教育。台北縣：桂冠。

黃壬來（2007）。藝術與人文教育。台北市：師大書苑。

楊龍立（2003）。九年一貫課程與文化。台北市：五南圖書出版公司。

鍾啟泉（1991）。現代課程論。台北市：五南圖書出版公司。

蘇振明等（1999）。藝術教育教師手冊——國小美術篇。台北市：國立台灣藝術教育館。

第 **3** 章

彩畫教學與實作

王麗惠

壹 **彩畫教學的意義與內涵**

　　兒童彩畫教學主要是以兒童為中心，結合造形與色彩的表現，更是知覺、感情、知性的統合活動。因此在教學過程中，教師必須給予學生適當的指導，讓學生除了可以自由的表達出情感與心靈活動外，更能增進美感認知。

貳 **兒童彩畫發展與特徵**

　　在現今的兒童藝術觀中，應了解：「兒童藝術之學習並非成熟的自動結果，而是透過教育所促成」，也就是說「不論就兒童的發展，或從藝術的性質來看，藝術能力之成長並非天生之能力，它與其他學科一樣，必須透過正式而有系統的學習才能獲得。」（郭榮瑞等，2000）因此教師如何安排最佳的情境與指導，是極為重要的。教師們應確切掌握學生的發展與特徵，才能充分掌握學習成效，達到最好的教學效果。

　　現將國小兒童造形藝術發展與特徵說明如下表 3-1。

表 3-1 國小兒童造形藝術發展與特徵

階段	造形藝術發展	特徵
低年級 圖 3-1-1	1. 主觀經驗表現	・誇張重要部分。 ・忽略、省略不重要和受抑制部分。 ・將有感情意義的部分改變形狀。 ・注重創作過程的愉快。 ・繪畫內容多靠記憶，不靠直接觀察；畫知道的而不是看到的。
	2. 基底線	・把所有的物品放在一條線上。
	3. X 光透視畫	・將不可能同時看到的視點一起表現出來。
	4. 展開式的表現	・認為自己是世界的中心，所有物品皆圍繞著他。 ・放射狀外形。
	5. 注意力不易持久	・衝動多於持久性。
	6. 沒有重疊	・內容多散列在畫面中。

中年級 圖 3-1-2	1.寫實概念逐漸萌 芽	・人物外形已具有寫實傾向。 ・男女兩性界線清楚。 ・開始注重細節描寫。 ・開始注重裝飾及設計效果。 ・關心作品好壞。
	2.三度空間表現漸 增	・天空下降,基底線逐漸消失,出現地平線。 ・重疊經驗。
	3.色彩的表現	・主觀色彩表現不同心情。 ・清色調與濁色調的運用。
	4.集體創作	・學習計畫與分工。
高年級 圖 3-1-3	1.擬似寫實階段	・能觀察出物體的立體感,使用真實的色彩。 ・能描繪出較正確的比例、動作、細節。 ・視覺型與觸覺型學生產生顯著差異。
	2. 空間表現	・運用大小不同的尺寸和重疊來顯示圖像深度。 ・畫面有透視的觀念。 ・開始在物體增加影子和陰影。
	3.判斷力增強	・實施藝術鑑賞教學。 ・批判性自覺漸增。

圖3-1-1　低年級學生作品

（彰化縣民生國小）

圖3-1-2　中年級學生作品

（彰化縣民生國小）

圖3-1-3　高年級學生作品

（彰化縣民生國小）

參 彩畫的表現形式

彩畫的教學基本上是以兒童為本位。讓兒童在繪畫活動中，給予心理上和想像上的自由，尊重他自由的表現。在彩畫的範疇中，約可分為以下五類：

一、想像畫

主要目的在啟發學生的思想和培養創造力，想像畫的內容來源多源自於日常生活中的環境，因此題材的選擇必須與生活關聯，然後再做聯想並加以想像。以海底世界為例，可讓學生先觀察魚的圖片或是水族箱的魚類活動後，再加入學生想像的情節。

圖3-2-1 學生作品
（彰化縣三民國小）

圖3-2-2 學生作品
（彰化縣三民國小）

二、記憶畫

將兒童經驗的事件複製再現，以共同經歷過的事件為主，如運動會、中秋節賞月、過年……等。老師將學生的片段記憶引導出來後，再重新組合。

圖3-3-1 學生作品
（彰化縣民生國小）

圖3-3-2 學生作品
（彰化縣民生國小）

圖3-3-3 學生作品
（彰化縣民生國小）

三、故事畫

　　以兒童常聽的故事情節為繪畫內容，教師在選擇故事的時候必須預設幾個畫面，在講故事的同時，必須特別強調畫面中的情節，以免兒童對於整個故事內容不熟悉而無所適從。故事的內容也可以由師生來共同改編，如白雪壞公主：不乖的公主跑到森林去玩，結果迷路了，後來遇到了大巨人……。

圖3-4-1 學生作品
（彰化縣民生國小）

圖3-4-2 學生作品
（彰化縣民生國小）

四、幻想畫

　　「幻想」是不切實際的，超越現實的。兒童可利用幻想畫的表現，表達心中的不滿與無中生有的夢幻，如穿越外太空、小丑的夢……等。

圖3-5-1　學生作品
（彰化縣民生國小）

圖3-5-2　學生作品
（彰化縣大嘉國小）

圖3-5-3　學生作品
（彰化縣民生國小）

五、寫生畫

　　是訓練兒童觀察能力的最佳方法，描繪的同時是將眼睛看到的和自己的意見一起呈現出來。中年級以下的學生在從事寫生畫時，宜從

圖3-6-1 學生作品
（彰化縣民生國小）

圖3-6-2 學生作品
（彰化縣民生國小）

「點」的觀察開始描繪，因繪畫內容大多仍呈現主觀的看法，較難客觀的描繪。高年級學生則從「面」的角度去觀察，尋找物體與物體間的相互關係，如大小比例、陰影……。成人不宜以成人的技法來要求兒童，應當讓兒童能自由的表現自我意識（黃銘祝，1991）。

肆 彩畫的媒材

兒童彩畫中所用到的媒材非常多，工具的使用主要是「手」的延長，舉凡唾手可得各式各樣的筆，只要能表現的工具，皆可作畫。以下所介紹的一些用具，是兒童比較有使用經驗的媒材，各有特質。

1. 簽字筆：黑筆，常用來構圖，強調輪廓線，以黑線為主，主要以黑、白作為表現，有粗細之分，可因應畫面需求運用。

2. 彩色筆：使用方便，具有線性特色，不易調色，遇水容易暈開，且著色速度較慢。可以運用在比較小的面積。

3. 粉蠟筆：具有排水性，常與水彩並用。可以自由的混色，易控制，是使用最普遍的媒材。使用黑色時要小心畫面的整潔。

4. 水彩：分透明與不透明，為彩畫的主要媒材。需要調水使用，水分的控制不容易，教師需要善加指導。

5. 廣告顏料：水性顏料，需調水使用，遮蔽性較強，平圖的效果很好，可用在較大面積的處理。

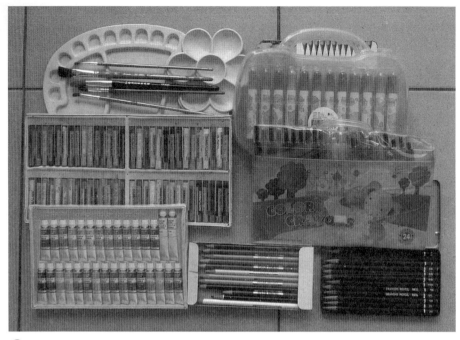

3.7　各式媒材

伍 彩畫教材教法示例

單元一	音感作畫
適合年級	一、二年級
教學時間	120 分鐘（3 節）
視覺語彙	節奏

圖 3-8-1　學生在音樂中律動情形

教學目標	1.讓學生用身體感覺音樂的節奏,將節奏的感受用畫具表現在畫紙上。 2.利用水彩的重疊性產生混色效果。 3.運用塗鴉的紙張再創造。 4.能享受創作的快樂。
材料準備	學生──水彩筆、粉蠟筆、剪刀、膠水。 教師──全開紙張、音樂、滾筒、油墨、廣告顏料。
教學過程	1.教師放音樂,帶領學生從肢體開始感覺音樂,繼而帶動全身。 2.學生用水彩筆或滾筒使用各種色彩盡情在畫紙上揮灑。 3.在塗鴉的圖案中,找尋自己喜歡的區塊,並把它剪下來。 4.用剪下來的色紙再創作。
注意事項	可先指導學生先做清潔工作,俟圖畫紙稍乾後再剪下。

🈯3-8-2 學生創作情形

🈯3-8-3 學生創作情形

🈯3-8-4 學生作品

(彰化縣平和國小)

單元二	好長好長的路	
適合年級	一、二年級	
教學時間	80 分鐘（2 節）	
視覺語彙	連續、反覆	**圖**3-9-1　學生創作情形

教學目標	1.體驗「撕」的快感。 2.運用想像力畫出喜歡的東西。 3.團隊合作，互相幫忙。 4.用完成的作品玩遊戲。
材料準備	學生——構圖筆、粉蠟筆。 教師——報紙、包裝紙、各色圓形色紙。
教學過程	1.學生分組，每組約 6、7 人。 2.每生拿一張報紙或包裝紙，將紙張撕成長條狀，看誰撕得長。 3.教師與學生討論：在上學的途中會看到哪些事物？在圓圈圈上畫 　出「路上有的」景致。 4.將撕下的紙條，大家合作串連成一長條。 5.將全部的圈圈貼在長紙條上。 6.說出自己畫的內容。 7.每組學生分兩邊比賽，玩猜拳跳格子遊戲。
注意事項	兒童的繪畫內容多以生活經驗為主題，低年級的教學活動最主要是 能引起對繪畫的興趣，因此在活動後，可依內容延伸設計遊戲，提 高兒童的學習興趣。

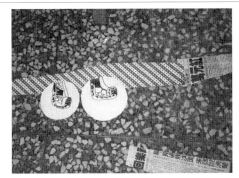

圖3-9-2　學生創作情形

圖3-9-3　學生創作情形

圖3-9-4　學生創作情形

單元三	魚
適合年級	一、二年級
教學時間	80分鐘（2節）
視覺語彙	對稱、排列

圖3-10-1　學生創作情形

教學目標	1. 利用撕貼的技法貼出魚的造型。 2. 學習「排列」、「重複」的視覺語彙。 3. 能在布置的情境中快樂學習。
材料準備	學生——水彩。 教師——魚的圖片、各色丹迪紙、磁鐵、迴紋針、衛生筷、粗線。
教學過程	1. 教師揭示魚類的圖片，了解魚的構造。 2. 用色紙撕出不規則形，約手掌大小，用另一色撕出小三角形當尾巴。 3. 用手指頭沾顏料，在魚的造形上按壓圖案。 4. 用迴紋針夾在於身上，用粗線將磁鐵綁在筷子上當釣竿。 5. 用藍色垃圾袋鋪在桌上，營造出海洋的氣氛，將魚放在上面，釣魚遊戲開始了。
注意事項	將做好的作品布置在情境中，可以營造出更好的氣氛。

🔳3-10-2　學生作品

（彰化縣民生國小）

🔳3-10-3　經過情境布置的遊戲

單元四	大嘴鳥
適合年級	一、二年級
教學時間	80 分鐘（2 節）
視覺語彙	肌理、對比

圖3-11　學生作品
（彰化縣民生國小）

教學目標	1. 用擴塗法掌握出造形。 2. 在有色紙上大量運用白色。 3. 表現黑與白的對比。 4. 利用刮畫法畫出羽毛的肌理。 5. 會運用粉蠟筆畫出漸層效果。 6. 懂得愛護大自然。
材料準備	學生——粉蠟筆。 教師——大嘴鳥圖片，白色廣告顏料、大水彩筆。
教學過程	1. 師生討論大嘴鳥的特徵。 2. 水彩筆沾白色廣告顏料，慢慢擴塗出鳥的造形。 3. 用粉蠟筆畫出人物及樹林。 4. 用各種喜愛的色彩塗在鳥背和身體上。 5. 用黑色粉蠟筆將塗色的區域全部覆蓋住。 6. 再用牙籤將紋路刮出來。
注意事項	黑色塗好後，小心手肘及畫面的整潔。

第 3 章　彩畫教學與實作

單元五	白雪壞公主	
適合年級	一、二年級	
教學時間	120 分鐘（3 節）	
視覺語彙	對比、暖色系	**圖3-12** 學生作品 （彰化縣民生國小）
教學目標	1. 改編世界名著，引發兒童創造力。 2. 學習對比色的應用。 3. 大小對比的認識與應用。 4. 能充分掌握故事情節。	
材料準備	學生──粉蠟筆、水彩。 教師──白雪公主繪本、12 色相環。	
教學過程	1. 教師以繪本為引導，改編故事內容；公主逃家，天快黑了還不回去，結果在森林中遇到了大怪獸。 2. 構圖上描繪出大小的對比。 3. 黃昏與森林描繪出色彩的對比。 4. 大怪獸身上會具有哪些特徵？ 5. 讓學生自由創作出心目中的大怪獸。	
注意事項	指導學生依色彩的寒暖色屬性將水彩顏料安排於調色盤上，避免三原色混色，造成畫面混濁。	

單元六	下雨天	![圖3-13-1 學生作品 (彰化縣民生國小)]
適合年級	二、三年級	
教學時間	160 分鐘（4 節）	
視覺語彙	動勢	圖3-13-1　學生作品 （彰化縣民生國小）
教學目標	1.線條的認識與應用。 2.人物正面、側面的不同造形。 3.基底線升高，畫出空間感。 4.「動勢」的了解與應用。 5.乾筆的使用。 6.運用有色底紙繪畫，讓學生體驗色彩。 7.能感受到下雨天的親情。	
材料準備	學生——粉蠟筆、毛筆、墨汁。 教師——各種雨具、牛皮紙。	
教學過程	1.教師拿出各式雨具，與學生討論使用方式，並請學生上台示範。 2.教師於黑板示範配戴各式雨具的畫法。 3.強調線條的飄動性、方向性；並注意長線、短線的應用。 4.背景畫出近景、中景、遠景。 5.著上顏色。 6.最後用乾筆沾白色顏料畫出風的感覺。	

圖3-13-2　學生作品

（彰化縣民生國小）

單元七	賞荷	
適合年級	三、四年級	
教學時間	160 分鐘（4 節）	
視覺語彙	重疊、漸變、同色系、類似色	圖3-14-1　學生作品 （彰化縣民生國小）
教學目標	1.了解荷花的造形。 2.會使用同色漸層。 3.「重疊」和「漸變」的應用。 4.畫面空間的運用。 5.能欣賞花的層次美感。	
材料準備	學生──構圖筆、粉蠟筆、水彩。 教師──荷花圖片、有紋理的木片。	
教學過程	1.教師指導學生觀察荷花的圖片，了解荷花的結構。 2.教師示範各式花型的畫法，有全開的、有含苞待放的 …… 等。 3.學生理解後開始畫。 4.探討木紋的畫法後，畫出一艘船。 5.畫出船上的人物，各個動作不同。 6.畫出水波紋的質感。 7.完成。	
注意事項	開始較精密的描寫，指導學生慢慢做，不要急。	

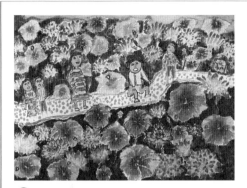

圖3-14-2 學生作品

（彰化縣民生國小）

圖3-14-3 學生作品

（彰化縣民生國小）

單元八	地底下的動物 
適合年級	三、四年級
教學時間	160 分鐘（4 節）
視覺語彙	明暗、對比
教學目標	1. 探討地底下的動物世界。 2. 濁色調的營造。 3. 了解「地面上」與「地面下」的不同表現方式。 4. 明度與彩度的認識與運用。 5. 感受大自然中的各種生物的生活型態。
材料準備	學生——構圖筆、粉蠟筆。 教師——地底下的動物繪本、書面紙、牛皮紙。

圖3-15-1 學生作品

（彰化縣民生國小）

教學過程	1. 教師拿出繪本，和學生討論地底下的動物有哪些。 2. 這些動物各在地底下做什麼？ 3. 以撕貼的方式撕出老樹頭，貼在畫面的上半部。 4. 討論會有哪些動物住在樹洞裡，將牠描繪出來。 5. 畫出由樹根而延伸出的地底世界。 6. 描繪出地底下動物的活動狀況。 7. 輕輕塗上顏色。 8. 完成。
注意事項	粉蠟筆用筆肚的位置輕塗，可營造出粗糙的感覺。

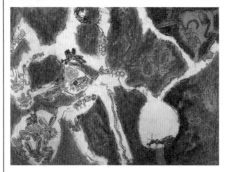

圖3-15-2　學生作品

（彰化縣民生國小）

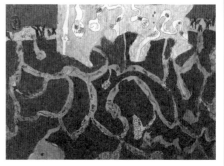

圖3-15-3　學生作品

（彰化縣民生國小）

單元九	太空旅行	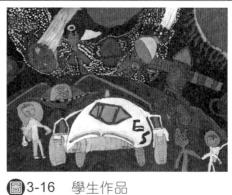
適合年級	三、四年級	
教學時間	160 分鐘（4 節）	
視覺語彙	對比、動勢、空間、寒色系、暖色系	圖3-16　學生作品 （彰化縣中山國小）

教學目標	1. 濁色調與清色調的運用。 2.「對比」和「動勢」的運用。 3. 點、線、面的運用。 4. 彩度的認識。 5. 感受「人」的能力無窮。
材料準備	學生——構圖筆、水彩、廣告顏料。 教師——太空、太空船圖片、牛皮紙。
教學過程	1. 教師揭示太空圖片，與學生討論星球的造形。 2. 畫出大小不同的星球。 3. 畫出人物與太空船，利用「重疊」產生空間感。 4. 用較低明度的色彩將星球及太空塗上顏色。 5. 用較高明度的色彩，畫出人物與太空船。 6. 用「點」畫出星河，產生動勢。 7. 用「長線條」表現速度感。 8. 完成。
注意事項	廣告顏料遮蔽性強，不適合調色太多次，易產生混濁。

單元十	水族箱	 **圖**3-17-1　學生作品 （彰化縣三民國小）
適合年級	三、四年級	
教學時間	160 分鐘（4 節）	
視覺語彙	連續、重疊、動勢	
教學目標	1 能描繪出各種不同特徵的魚類。 2. 能畫出魚游動的感覺。 3. 能運用「重疊」的技巧畫出空間感。 4. 能欣賞自己和別人的作品。	
材料準備	學生——粉蠟筆、水彩、毛筆、墨汁。 教師——魚類參考圖片、影片。	

教學過程	1. 觀察討論各種不同魚類的特徵及差異性，並將牠畫在黑板上。 2. 在相片盒中塞入海綿，將墨汁倒入。用小楷毛筆直接構圖。 3. 將圖畫紙斜放，畫出一隻魚後再把圖畫紙轉正。一隻在游動的魚出現了。 4. 畫面產生「動勢」後，依序畫出游動的各式魚類。 5. 畫出水族箱內的其他物品。 6. 在魚的背後，畫出觀看的人。 7. 用水彩中的寒色系畫出水的顏色。 8. 水的顏色畫完後，用蠟筆畫出鮮豔的魚類。 9. 完成後與同學分享創作內容。
注意事項	先將水畫好，就可以很明確的知道用什麼顏色可以突顯出魚類。

圖3-17-2　學生作品

（彰化縣三民國小）

單元十一	時空寄情
適合年級	三、四年級
教學時間	160 分鐘（4 節）
視覺語彙	動勢、空間、均衡、疊色

圖 3-18　學生作品
（彰化縣民生國小）

教學目標	1.運用想像力，描繪時間的流逝。 2.將時鐘以透視的面向表現。 3.了解齒輪的組合方式及描繪方法。 4.感受到時光的流轉，愛惜光陰。
材料準備	學生──構圖筆、粉蠟筆、水彩。 教師──齒輪圖片、齒輪分解圖、牛皮紙。
教學過程	1.教師拿出齒輪圖案與學生討論結構。 2.探討齒輪組成的元素，將齒輪解構，分解成單個造形。 3.將齒輪的各個元素，重新自由組合，畫在紙上。 4.依齒輪的配置，畫出不規則形的時鐘表面。 5.將時鐘表面以「扭曲」的形式表現。 6.著上顏色。 7.用蠟筆的筆肚輕塗，嘗試類似色混色及對比色混色。
注意事項	齒輪結構複雜，將各個齒輪分析了解後，再重新組合。

單元十二	騎單車
適合年級	四、五年級
教學時間	160 分鐘（4 節）
視覺語彙	透視、漸變

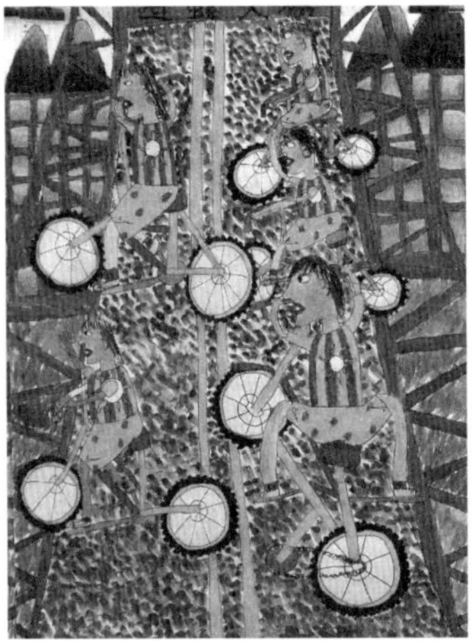

圖3-19-1　學生作品
（彰化縣民生國小）

圖3-19-2　學生作品
（彰化縣民生國小）

教學目標	1. 騎腳踏車的人物姿態描繪。 2. 畫面空間（透視）的營造。 3. 類似色的應用。 4. 對比色的配置。 5. 能欣賞自己與別人的作品。
材料準備	學生──構圖筆、粉蠟筆、水彩。 教師──道路透視圖片、腳踏車圖片或實物。

	1. 先在適當位置畫出臀部。
	2. 在臀部下畫出椅墊及後半部腳踏車。
	3. 將腿部畫在踏板上方。
	4. 將人物上半部由臀部銜接身體後往上畫出，先不畫手臂。
	5. 先完成腳踏車的手把。
教學過程	6. 將人物的手臂連接至手把。
	7. 再將前半部的腳踏車完成。
	8. 以此類推畫出自行車隊。
	9. 掌握「近大遠小」的原則。
	10. 用不同的肌理表現橋面與橋下風景。
	11. 注意色彩對比的運用。
	12. 完成。
注意事項	讓兒童儘量去畫，不需要要求非常準確的透視。

單元十三	園藝生活	 圖3-20　張硯程作品 （彰化縣民生國小）
適合年級	四、五年級	
教學時間	160 分鐘（4 節）	
視覺語彙	肌理、寒色系	
教學目標	1. 了解園藝種植的情景。 2. 植物的精密描繪。 3. 人物表情的觀察描繪。 4. 空間關係的掌控。 5. 能體悟園藝生活的情景。	
材料準備	學生——粉蠟筆、水彩。 教師——園藝、盆栽圖片、影片。	

教學過程	1. 教師利用影片及圖片，讓學生了解園藝的栽培情形。
	2. 將一棵棵的盆栽圖片分給每位學生一張。
	3. 每生依照自己拿到的圖片，先了解盆栽的大致外型，並在圖畫紙中壓線定位。
	4. 直接用粉蠟筆畫出盆景中的植栽，並注意深淺色運用，畫出立體感。
	5. 盆景完成。
	6. 畫出工作中的人物表情及身體動作。
	7. 仔細描繪人物表情。
	8. 畫出工作場域的情景。
	9. 上色，完成。
注意事項	空間的重疊較具複雜性，學生要先想清楚下筆的次序。

單元十四	做蛋糕	
適合年級	四、五年級	
教學時間	160分鐘（4節）	
視覺語彙	肌理、暖色系、寒色系	圖3-21-1　林意晴作品 （彰化縣民生國小）
教學目標	1. 探討做蛋糕的動作和專注的情景。 2. 蛋糕的精密描繪。 3. 人物表情的觀察描繪。 4. 空間關係的掌控。	
材料準備	學生——粉蠟筆、水彩。 教師——人物臉部圖片、蛋糕圖片（可利用便利商店的蛋糕型錄）。	

教學過程	1. 讓學生表演做蛋糕的姿態,強調手部及彎腰的姿態。 2. 每位學生挑一張自己喜歡的蛋糕圖片。 3. 畫面上蛋糕的大小約手掌大,每生依照自己拿到的圖片,先了解蛋糕的大致外型,並在圖畫紙中壓線定位。 4. 直接用粉蠟筆從蛋糕的中心點開始往外畫,並注意深淺色運用,畫出立體感及質感。 5. 蛋糕完成,畫出工作中的蛋糕台。 6. 畫出工作中的人物表情(側面)及身體動作。 7. 仔細描繪人物表情,著色時並注意明暗變化。 8. 畫出工作場域的空間情景及其他工作中的人物。 9. 上色,完成。
注意事項	空間的重疊較具複雜性,學生要先想清楚下筆的次序。

圖3-21-2 學生作品

(彰化縣民生國小)

圖3-21-3 學生作品

(彰化縣民生國小)

單元十五	老街	
適合年級	五、六年級	
教學時間	160 分鐘(4 節)	 圖3-22-1 學生作品 (彰化縣民生國小)
視覺語彙	空間、透視、漸變	

教學目標	1.理解透視的原理。 2.能描繪出街道深遠的感覺。 3.能表現房屋質感。 4.能知道光影變化的描繪方法。 5.能了解古蹟保存的重要性。
材料準備	學生——構圖筆、水彩、粉蠟筆。 教師——老街圖片、老房子圖片。
教學過程	1.欣賞老街影片。 2.從老街圖片中探討房子的造形。 3.一點透視的道路畫法： 　(1) 先確定消失點位置。 　(2) 拉出相關的放射線。 　(3) 確定房屋的長度。 　(4) 掌握近大遠小的原則，房屋和人物愈遠愈小。 4.畫出房屋的質感。 5.由前往後畫出人潮。 6.房屋用濁色調上色。 7.人物用較鮮豔的顏色上色。 8.完成。
注意事項	人物的描繪要掌握住近大遠小的原則，而且要有重疊的效果。

圖3-22-2 學生作品
（彰化縣民生國小）

圖3-22-3 學生作品
（彰化縣民生國小）

單元十六	飛龍在天	
適合年級	五、六年級	
教學時間	160 分鐘（4 節）	
視覺語彙	放射、動勢、反覆、 連續、疊色	圖3-23　學生作品 （彰化縣民生國小）
教學目標	1.「放射」、「動勢」的運用。 2. 將古老傳說結合想像力描繪出來。 3. 能掌握龍的造形描繪。 4. 能欣賞自己和別人的作品。
材料準備	學生──構圖筆、鉛筆、粉蠟筆、水彩。 教師──舞龍影片、龍的造形圖片、圖畫紙。
教學過程	1. 觀賞舞龍影片，並討論各種不同的隊形。 2. 觀察龍的圖片，並探討龍頭的前視圖、側視圖。 3. 了解龍頭的造形組合元素。 4. 在圖畫紙的上半部，確定一個無形的點位置（天空爆炸點）。 5. 先畫出第一個龍頭及人物，再將龍身畫出。 6. 先畫第一、三、五隻龍。 7. 畫第二、四隻時，可以畫出重疊的畫面，營造出更多的空間感。 8. 畫出天空爆炸點及線條。 9. 利用明暗對比畫出天空。 10. 人物上色，龍身用鉛筆畫出明暗不同層次的鱗片。 11. 完成。
注意事項	構圖上要畫出放射的特質，並掌握住龍的細部描繪。

單元十七	我是畢卡索
適合年級	五、六年級
教學時間	160分鐘（4節）
視覺語彙	視點

圖3-24-1　學生作品
（台中縣追分國小）

圖3-24-2　學生作品
（台中縣追分國小）

教學目標	1.能知道塞尚、畢卡索在西洋美術史上的重要性。 2.能了解多視點畫面的特性。 3.能了解不同視點在畫面上重新組合的意義。 4.能掌握形和色的表現。 5.能欣賞自己和別人的作品。
材料準備	學生——水彩。 教師——塞尚、畢卡索的作品圖片。
教學過程	1.教師介紹塞尚畫面中的多視點構圖。 2.了解塞尚——現代繪畫之父、畢卡索——立體派，在西洋美術史的重要地位。 3.指導學生各畫出一個正面的臉，再畫出一個側面的臉，然後加以組合。 4.了解對比色的搭配與組合。 5.欣賞自己與別人的作品。
注意事項	身體的部分也可嘗試正面與側面的組合，強調大膽創作，不受概念樣式的限制。

單元十八	色彩繽紛	
適合年級	五、六年級	
教學時間	240 分鐘（6 節）	
視覺語彙	對稱、疊色	圖3-25-1　情境布置 （彰化縣民生國小）
教學目標	1. 讓兒童用自己的雙手，布置出繽紛的學習環境，創造出自我實踐的校園環境美學。 2. 能在環境中感受到陽光照射的色彩混色變化。 3. 能剪出對稱的造形。 4. 能利用卡點西德紙的透光性做出想要的造形。 5. 能將自己的作品布置在校園環境中。	
材料準備	學生──剪刀、色紙。 教師──各色卡點西德紙、對稱圖形。	
教學過程	1. 找對稱、畫對稱：自然界中對稱的形無處不有，引導學生觀摩周遭環境中的各式造形，並討論何處有對稱，感受「對稱」的美感。 2. 蛻變的對稱：將正方形色紙摺成三角形後，可分別摺為 5 等份、6 等份、8 等份，並畫上設計的圖案後剪下。 3. 從繪本看色彩：從教師自製的繪本中，認識色彩透光重疊後產生的不同效果，並激發出創作慾望。 4. 繽紛校園動手做：以卡點西德紙為裝飾素材，兩人一組相互合作，將「對稱」活用至各式的花卉及昆蟲造形，剪下造形後貼在透明片上。 5. 作品欣賞：各組將作品布置完畢後，與同學分享創作的內容。	
注意事項	張貼卡點西德紙時，可在透明片上噴上肥皂水，較易黏貼。	

第 3 章　彩畫教學與實作

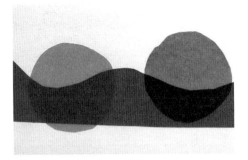

🔖3-25-2　繪本圖案

🔖3-25-3　學生作品

（彰化縣民生國小）

附件

「色彩繽紛」學習單

班級：＿＿＿＿　姓名：＿＿＿＿＿

【對稱的感動】在日常生活中，你看到了那些對稱？請將它寫出來。

＿＿＿＿＿＿＿＿＿＿＿＿＿＿＿＿＿＿＿＿＿＿＿＿＿＿

＿＿＿＿＿＿＿＿＿＿＿＿＿＿＿＿＿＿＿＿＿＿＿＿＿＿

＿＿＿＿＿＿＿＿＿＿＿＿＿＿＿＿＿＿＿＿＿＿＿＿＿＿

【對稱的實踐】

1. 在右下角框中，以中線為準，畫出對稱的圖形。
2. 將實線剪開後往後摺。
3. 依圖形的邊緣線將圖形剪下。
4. 將剪下的圖形貼在左側空白處。
5. 圖案貼好後，想一想……還可以有什麼變化？

6. 利用下圖的紙規，將正方形色紙對摺成三角形後，依序可摺成 6 等份、8 等份
   或 10 等份的基本形。

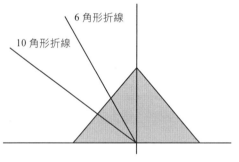

7. 在基本形上畫出想要的圖形，並將它剪下。
8. 嘗試不同圖形的創作。

範例：

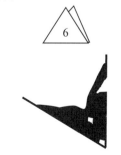

單元十九	小丑異想世界	
適合年級	五、六年級	
教學時間	160 分鐘（4 節）	
視覺語彙	色調、中間調、鳥瞰	圖3-26-1　黃泓鈞作品 （彰化縣民生國小）

教學目標	1. 能利用鉛筆畫出明暗變化。 2. 能了解多視點畫面的特性。 3. 能了解不同視點在空間上重新組合的意義。 4. 能掌握形和空間的表現。 5. 能欣賞自己和別人的作品。
材料準備	學生──2B、4B 鉛筆。 教師──環狀圈圈、小丑參考圖片、風景圖片。
教學過程	1. 在另一張紙上畫出 9 個 1 公分見方的正方形，由淺至深畫出 9 種不同明暗色階。 2. 參考小丑造形，畫出騰空的小丑。 3. 思考環繞小丑的小精靈空間安排。畫出上、中、下 3 圈。 　(1) 近大遠小 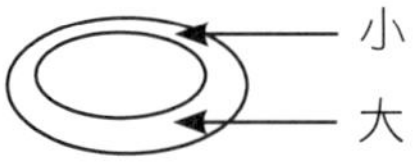 　(2) 前方的精靈要遮住小丑，後方精靈被小丑遮住。 4. 參考鳥瞰的風景圖片，畫出風景，並加上簡單色調。 5. 加上自己的想像，將畫面故事化。 6. 完成作品，並和同學分享創作內容。
注意事項	環繞的空間加上重疊，可利用套圈圈的概念加強觀點。

圖3-26-2　陳雅淇作品
（彰化縣民生國小）

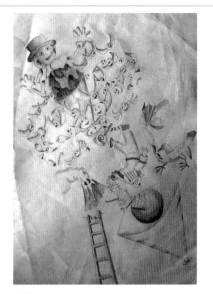

圖3-26-3　張硯程作品
（彰化縣民生國小）

圖3-26-4　蔡盛宇作品
（彰化縣民生國小）

參考文獻

黃銘祝（1991）。兒童彩畫教材與教法。新竹市：新竹師範學院美勞教育資源中心。

王德育譯（1975）。創性與心智之成長。台北市：啟源。

郭榮瑞等（2000）。國小美勞教學指引 2 上。台北縣：康軒文教事業。

多納德‧赫伯霍茲等（2006）。美國初等教育美術教師培訓教材。大陸：上海人民美術出版社。

國立編譯館主編（1978）。國小美勞教學指引第一冊。台北市：國立編譯館。

蘇振明等（1999）。藝術教育教師手冊──國小美術篇。台北市：藝術館。

呂桂生（1996）。國民小學美勞科教材教法。台南市：南一書局。

郭有遹（2001）。創造心理學。台北市：正中書局。

侯禎塘（2002）。兒童美術發展與特殊兒童美術教育。特殊教育文集（四）。取自 http://163.21.111.100/book_ul%5C10%5C110%5C%E5%B1%8F%E5%B8%AB%E7%89%B9%E6%AE%8A%E6%95%99%E8%82%B2%E5%8F%A2%E6%9B%B8_02.pdf

DelphiFans（2007）。西方現代美術教育理論中的工具論和本質論藝術論文。自 http://www.100paper.com/100paper/yishu/meishu/20070623/25181_2.html。

第 4 章

童玩教學與實作

曾仰賢

童玩教學對於當今科技與物質文明發達的社會，是一個非常有意義的教學，也是很有創意與兼顧地方文化資源發展的藝術教材內容。對於生長 40 年代至 70 年代的台灣人，政治的因素為台灣帶來族群多元與融合，經濟的因素促進了台灣地方特色產業的蓬勃，同時也豐富了這段期間成長的孩子的童年，因為有了這些產業帶動著生活物質提升，孩子們的創意展現在這些產業所生產的人造物或自然物材質，例如馬口鐵（鐵罐）、竹器、打包帶……等等。這群孩子求學之餘，有著伴隨他們動手做一做、動腦想一想的機會，發展自己發想的玩具或延續長輩所傳承的民俗童玩技藝。

學校的藝術教學不但增長學生在藝術的專業素養，同時也啟發他們在創意思考的培養，童玩教學是非常能引導學生創意思考與認同家鄉文化情感的課程與教材內容，如何進行跨領域或編選符合學校本位課程的教材，是很重要的。

壹 鄉土童玩的緣起

台灣以前流行的童玩，如陀螺、踢毽子、風箏、扯鈴、捉迷藏、跳繩……等，其實早在中國唐宋時代，也就是大約 1,000 年前就有了，聽說唐明皇和楊貴妃就曾在月下空苑裡，以錦帕蒙住眼睛學小朋友互相捉迷藏；至於跳繩，古時候叫「跳百索」，早在 1,500 年以前就有小朋友在玩；風箏以前又稱為紙鳶，2,000 多年前的漢朝就有了，不過小朋友玩風箏較盛行的那就要到宋朝的時候了，陀螺、踢毽子、踢毬也是宋朝時最流行。很久以前的陀螺叫做「千千」，是用象牙製作的直徑 4 寸圓盤，中央插一根寸長鐵針，用手旋轉後再用衣袖拂動，直到明朝才變成像現在台灣流行的用實心木製作，用繩抽動的陀螺。而陀螺隨著時代變遷，塑膠產品的問世，早已經開發了另一種形式的「戰鬥陀螺」——兼具多向旋轉或移動產生圖樣變幻的設計。扯鈴以前叫空鐘或空箏，也已流傳上千年了，學校的體育課程實施扯鈴的教學課程似乎是非常普遍的課程，不但是民俗童玩又是兼顧身體運動展現的課程。隨著時代的進

步，台灣的產業變化與地區性材料的多樣化，孩童們豐富的創意和地方的特性結合，童玩的種類和玩法也愈來愈多，幾乎已達到變化萬千的地步了。台灣也有許多學校發展民俗童玩的教學，成為學校本位課程與發展特色，推展童玩教學除了善用地方資源外，也增進學生發揮創意思考的設計與製作童玩的能力。

任何一個藝術學習或童玩教材的發展，一定會受到時代變遷、物換星移轉變的影響，過去兒時的遊戲，有的依然留存，我們繼續延用、玩著昔日的童玩；有些卻因環境改變、材料取得、台灣產業生產線等因素，已經不再出現。曾經帶給我們無數的樂趣，留下令人回味的歡樂童年的產物，或許因地域性的關係而有差異，但都不影響它曾經帶給我們大家歡樂的事實。

台灣童玩的發展與變遷，由於時代背景、物資環境、人文背景和地區性的不同，而有相當大的變化，例如：玻璃業的興起，而有玻璃彈珠，以及彈片、瓶蓋製成的響螺、眼鏡、毽子座等；金屬業的興起又發展出「踢銅罐」、「滾輪圈」；竹材的竹蜻蜓、竹節蛇、筷子槍、托球；紙類的「尪仔標」、「紙娃娃」、「糖果紙娃娃」、「紙船」、「紙帽」……等，都曾風靡一時。但台灣的童玩一方面承襲了中原流傳過來的傳統童玩，另一方面也發展了地區性或時代性的創新特色，改進製造了不少童玩的內容，也形成了台灣獨特的童玩。

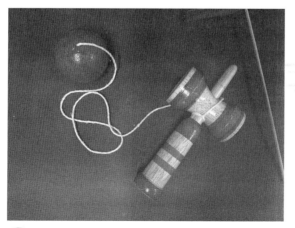

圖4.1　竹類童玩──托球

其他尚有夜市類的童玩：托洞、勺金魚、彈珠台、射飛鏢、綵球、童玩獅子頭、陀螺、魔術翻花、漫畫面具、吹泡泡、套藤圈、抽鴨蛋、擲骰子、抽紙籤、棉花糖、糖葫蘆、捏麵人、吹糖、麥芽糖餅、畫糖、凸糖、烤魷魚、烤玉米……等。有些在夜市仍然可以見到這些饒富趣味的童玩活動，有些早已改良成其他形式或材質的科技類、塑膠類的童玩，但是過去懷舊的造型童玩，依舊吸引著眾多人的喜愛，造型與材質的美感形式也不失為童玩教學的另一種發展，難怪時下仍有不少年輕人或中年人樂此不疲，有所謂的童玩達人或是開設特色商店、網站、部落格等。

貳 台灣童玩的分類與說明

一、依性質分類

台灣童玩由於地區性的不同，或是就地取材的緣故，和以前的有相當大的改變，分類與歸納的方式或許各有所不同，但大致上可分為以下幾類：

1. 益智／競賽類：如跳棋、象棋、魔術方塊、七巧板、九連環、彈珠台、紙牌、尪仔仙、彈珠、彈片、賭盤等。
2. 裝飾類：如泥偶、摺紙造形、紙傘、紙燈籠、彩繪蛋殼等。
3. 操作／運動類：如猴子玩耍、爬樓梯、旋轉輪、溜溜球、翻身板、甩紙、小雞吃米、竹蛇、紙船、竹蜻蜓、彈弓、草編刀劍、竹槍、水槍、空氣槍、油紙球、皮球、跳繩、沙包、毽子、扯鈴、踩高蹺、飛鏢、呼拉圈、滾鐵圈等。
4. 音樂類：如汽球笛、博浪鼓、手搖鈴、打板、竹筒鼓。
5. 文具／圖書類：漫畫書、無字天書、塑膠尺、鐵墊板、竹筆筒、紙面具、塑膠面具等。

上述童玩的內容並非全是以製作的過程為創意學習的目標，部分

的童玩是運動形式或是益智形式、遊戲形式的發生，但因為其造型與材質常受到地方資源的差異、個人家庭經濟背景等因素影響，童玩的製作與創造改良，就此因應而生，也讓許多原本不起眼的自然材質發揮了功效。以下就各類型的童玩分作說明：

（一）益智／競賽類童玩

1. 魯班鎖

前人稱「孔明鎖」，乃是一代木匠宗師及巧聖先師魯班所創，相傳古代舊皇宮、廟宇不可用鐵打破壞風水，而必須用卡榫結合，經數千年的流傳，現今已成為巧妙的藝術精品，其中以「三星歸位」、「六子連芳」最具代表性。

2. 仙人開鎖

用塑膠皮、布、厚韌紙做成的框框上，串著一條繩子，兩端有鈴鐺，乍看像栓上鎖的一扇門。試著開鎖時，鈴噹清脆響著，憑添些許樂趣。

3. 仙人擺渡

利用繩子的軟性來解答，是一種很古老的益智玩具，為什麼要取名為「仙人擺渡」呢？據說要讓左右兩個圈圈（古時候為有洞的銅鐘）相聚在一起，一般人是無法做到的，只有仙人才有辦法，所以就以此命名。古樸的銅錢分據兩端盪呀盪，木板上的洞眼那麼小，如何將銅錢擺渡到一塊兒呢？由於主要目標是銅錢，自然而然繞著它動腦筋打轉，其實關鍵是在繩子的穿梭，真如詩云「柳暗花明又一村」。

4. 九連環

在中國已有 2,000 年歷史，為中國國寶，要解九連環的確困難，總共需 311 次方可解開，許多人甚至把解開九連環當作是聰明的象徵，清代九連環還成了男人餽贈情人的時髦禮物，乾隆年間刻本曲譜《霓裳續譜》中曾錄有〈九連環〉小曲一首，「有情人，送奴一把九連環，九呀九連環，十指扦扦解不開，拿把刀來割，割也割不開」，由此可見九連環在青年女子心目中的地位。九連環據說是三國時代，孔明為了排遣軍中枯燥的生活而發明的，益智九連環實是老少咸宜、磨練耐性、熟練技

巧、有益身心活動的工具。

5. 七巧圖

　　這是中國古代傳下來的智慧圖，由 7 片幾何圖形組成，包括了五個三角形、一個正方形和平行四邊形，它所有的角都是 45 度的倍數，拼出的圖案變幻無窮，對啟迪思維、豐富想像頗有益處。

6. 棋

　　一談起棋，大家的腦子裡即會浮現出象棋、跳棋、圍棋等，這些雖然好玩，但都需要道具，而早期孩童利用身邊的石子即可玩出趣味無窮的棋奕：

(1)三連棋：是最簡單的一種棋。先在紙上或地上畫個井字，兩個人猜拳決定先後，輪流在井字裡畫「○」、「×」，誰能先畫成三個○或 × 成一直線、斜線、橫線就贏了。

(2)三子棋：畫一田字再加上兩條對角線，棋子下在交叉線上，每人持三個棋，兩人輪流下一次棋，三個棋子下完後還可移動，先連成直、斜、橫線就算贏。

(3)五子棋：兒童常常利用圍棋的道具來玩「五子棋」。落子後能移動，雙方輪流下，誰先將五子連成一直線就算贏，三子相連而兩頭無子要喊「活三」來提醒對方。

(4)彈觀音：畫一圖形，拿大概 46 粒龍眼子，放在交叉點上，只有外圍排上兩粒，下三粒，其餘均排一粒，猜拳決定先後，開始者先以一粒彈向對方，對方被彈中的龍眼就歸其所有，不中，就輪由對方彈，相互輪流，彈中愈多，就贏愈多龍眼子。

(5)包棋：棋盤是先畫一個圓，在圓內畫一個十字，在圓內十字的四端各畫四個小半圓，中間畫一個小正圓形而成。畫好圖形後，雙方各持六子，擺成陣勢，輪流走棋子一次走一步，如有棋子被對方棋包圍住，被包圍的棋要取出，下到棋子最後被吃盡或雙方相持不下，棋子少者便算輸。

(6)割豆腐：棋盤和唐山棋一樣，畫好圖後擺上雙方的棋子各 8 枚，每人下棋時，只可橫走或直走，不可斜走，除非對方棋子在斜對角線上，則可吃掉該棋而移到該棋位置，這種玩法下得非常快，

很容易還沒看清對方棋子就輸了。

(7) 迴轉棋：畫好圖，雙方各持有 12 枚棋子，擺好後，雙方輪流在線上把自己棋子移動一格，當通道上沒有棋子時，可不限格數而迴旋過四角中的一角或數角，再吃掉對方同條通道上棋子，在不吃棋子時，不能上迴旋前進，吃過後便停在對方被吃掉之位置上，先吃完對方棋子就贏。

(8) 砲棋：也叫「唐山棋」，四川人稱「六子沖」，是排出形狀後，吃掉對方棋子的遊戲。它的棋盤是正方形內畫個井字，一邊 6 子，各擺成陣勢，每次輪流走一步。當一方走成兩子相連，即成「砲」，而砲口若有對方單子時即可轟掉該子。若雙方雙子相對成一直線，則不分勝負。若砲的兩端各有對方一子，則可同時轟掉對方二子。下到最後，如有逼方只剩下一子時，該子可一次走兩、三步，稱作「飛」，來躲避對方的砲轟，但只能直飛，不可轉彎。剩下一子時，除可飛外，又可「挑」，就是鑽入對方兩子的間隔中，像挑擔子一樣挑起來而吃掉那兩子。挑與飛都必須是在剩下一子時才能施展。

(9) 梅花棋：類似五子棋，玩法是誰先排成正方形的四角和對角線交叉的中心，共五點所組成的梅花形就贏。因為梅花棋排成四子時都還來得及阻擋，所以是不通知對方的。但因為大梅花形和小梅花形都算贏，所以在黑白錯綜的棋子間，往往不容易發現對方即將成形的梅花，所以防不勝防，下起來也十分有趣。

(10) 雙井棋：先畫「田」字少一邊線的棋盤，開始雙方三子各排兩邊，像跳屎坑一樣，走到對方三子都無法動彈就輸了。

(11) 斜方棋：棋盤是五個正方形組合，四個方形斜放中間，外圍再加一個大正方形。雙方各執五子，堵死對方就贏。

(12) 孔明棋：棋盤是由五個田字像十字形靠在一起，除了中心點不放子外，其餘 32 個點都放一子。只能一個人走，用跳的方式，跳過後就把被跳過的那一粒棋子吃掉，一直走到無法再吃為止。

(13) 魔方棋：是練習加法的最佳遊戲與方法，初學先畫 9 格，進階畫 16、25 格。填上數字，縱、橫、斜方相加都應相等。

(14)跳屎坑：跳屎坑的棋盤是畫有對角線的正方形，但缺了一邊當作屎坑而成區形。雙方各兩子，輪流一次走一步，走到對方棋子動彈不得，無法可走須跳屎坑就算贏。

7. 數字畫

是小朋友認識阿拉伯數字的最好方法。將阿拉伯數字由「1」數到「10」，依字形變化組合排列畫成各種圖。

8. 猜字

是早期的腦筋急轉彎，除了訓練腦力，還可以練習國字。例：五條橫線加三條直線可變成什麼字？答案有言、車、里、田、由，甚至古均可。

9. 彈珠

是往昔鄉下孩子的兩大財產之一，小時候我們就是靠它們來決定自己在孩童中的地位，如果是花錢到店裡買的，被發現後可是會被嘲笑的，所以一定要靠自己的本事贏才行。

(1)驅逐出境：先在地面上畫一個直徑 30-40 公分的圓，每人拿出五至七個彈珠放在圓裡，決定順序的方式是在距離圓 3 公尺的地方畫一條線，大家一起把彈珠丟過去，離線最近且不超出線外的人最先開始，依此類推，一次能打出四個彈珠，就是「大王」，只要一個人打出的主彈珠能撞上另一個人的彈珠，對方就算出局不能繼續比賽，玩到圈內一個彈珠也不剩時，遊戲結束。

(2)過五關：首先在地面按五個洞，然後離洞 3 公尺畫一條線當作南極線，依順序打完一圈後，可以把彈珠放在任何一個洞裡，等待機會打別人的彈珠，打別人彈珠時一定要進洞，打不進就換下一人玩，此時彈珠不要拿走，彈珠如被打超過南極線的人要被判出局，最後沒被淘汰的人就贏了。

(3)爭國王：沿著石牆或找河邊畫一個寬 30 公分，長 50 公分之四邊形，在四邊形外 3 公尺畫一條線做起點，然後大家一起決定每人要拿出幾個彈珠出來放在四邊形裡，決定好時就從裡面選一個最特別的當國王，放在四邊形中央，再把一半在土裡，能把國王彈出四邊形外，而自己主彈珠也彈出來的人就可拿走全部彈珠；

其他彈珠在正常情形下，被打出四邊形的，即可拿走，但不能繼續，主彈珠不能留在四邊形裡，否則要判出局。若國王位置被撞移動的話，立刻放回原位，國王被打出四邊形外時遊戲就算結束。

10. 彈弓

和稻草人一樣，是防衛麻雀的最佳工具。早期孩子們最愛拿著彈弓「看稻田」，刺激又威風，現在彈弓大多是作為孩子們之間的比賽工具。

11. 紙牌

和彈珠同樣是往昔鄉下孩子的兩大財產之一。

(1) 一對一：先每人出一張牌猜拳，贏的人先打牌，能讓對方的牌翻面，就贏那張牌，可以繼續玩，如果不能，就要換人打牌，彼此輪流。

(2) 蒐集英雄：先決定每人出幾張牌以及選出哪幾張是英雄牌，再把每個人出的牌疊成一疊反面向上，按順序輪流，用母牌把牌打出來，無論打出幾張全收下，最後再看每個人手中有幾張英雄，即每個人都要公開自己手中的英雄張數，如剛好湊足英雄數的人就有權贏全部牌，遊戲即結束。

(3) 趕牌出界：在地面畫個四邊形，或者使用木箱。參加者把牌放在四邊形裡或木箱上，正反面都可以。然後猜拳決定先後順序，贏的人先用自己手中母牌打出四邊形內的牌。一次只能讓一個牌出界，超過張數要放回原位，母牌打時要留在四邊形裡或木箱上不能出界，一直玩到母牌出界就換人，玩到沒有牌，遊戲就結束。

(4) 翻牌遊戲：首先每位參加者必須拿一樣多的牌，然後猜拳決定先後順序，然後把牌整理成一疊，正面朝下放好，在輪流用手中的母牌去打那一疊牌，如果能使兩張牌跳起並翻面，就贏得那兩張牌，如翻牌時其他牌黏在一起就不算數，要換下一位開始玩翻牌。

這些益智型的童玩，玩法除了遵循過去的習慣之外，也有人透過這些益智型童玩，再造改良成為現代版的童玩設計，像鹿港的一位梁老師他本身就是一位愛好益智型童玩的達人，透過童玩推廣與增進親子關係

與親子活動。在藝術教學的發展上，其實可以透過這些益智型的類別，引導設計學生在造型的創意、色彩或圖案的描繪，或是製作海報型的設計、網頁的型態、Flash 的動畫版的設計，都是童玩教學延伸的可能性。

(二) 裝飾類童玩

一般裝飾類別童玩，以前比較採用環保概念或是就地取材的廢棄物方式，例如：做花燈可以用奶粉罐，綑綁紙箱的打包帶、塑膠瓶等，都

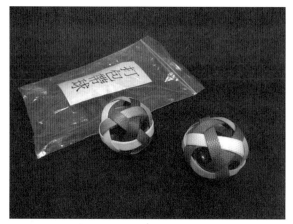

圖4.2　打包帶童玩

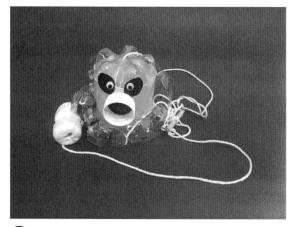

圖4.3　塑膠自製童玩

可以發展為各種趣味裝飾的材質與教學。

1. 環保小花燈

正月新年，各式年貨紛紛上場，包裝年貨的禮盒琳瑯滿目，這些禮盒如果善加利用，效果一定很好，例如可用來做環保小花燈。

2. 柚子帽

月到中秋分外明，賞月吃月餅、柚子，一家人團聚一起好不熱鬧。喜愛玩耍的孩子們撿起剝下的柚子皮，往頭上一戴，一頂頂柚子帽就出現了。

3. 糖果紙玩

鮮豔亮麗的糖果紙，閃閃發光的裹糖果錫紙，除了壓平收藏欣賞，還可以摺成公主的大膨裙，或做成各式各樣的小杯子、小碗……。

4. 汽球帽子

商展、百貨打折、園遊會裡最有親和力的促銷贈品，28 公分長的汽球，一條做鵝、鹿，二條則更有創意了。

(三)操作／運動類童玩

1. 翻身板

翻身板又叫翻梯，而面有平面翻身板及加花翻身板。

2. 懸絲木偶

中國傀儡戲中，就是用細線懸吊舞弄戲偶，小孩子看大人演傀儡戲，久而久之，自然會學樣，有板有眼的自導自演。另有體操木偶，U形操作桿及兩條交叉線，木偶的結構簡單，只要單手操作，木偶就會不停的轉動。

3. 螺旋槳船

利用橡皮筋彈力推動的船，製作簡單，取材容易，早期用薄木板，現在可用牛奶盒，一樣游得快，但均須先購買螺旋槳。

4. 風輪

利用風力推動的紙輪子，小型的可在桌上玩，大型的在戶外地上放好，只要有一陣風，它便順勢滾得遠遠的。

5. 拉線木偶

用一隻手指拉動木偶底下的線，木偶瞬間跳起舞來，不論是慢舞、快舞，木偶都跳得很神氣。

6. 翻花

原名翻鼓，又稱魔術花，是由中國傳統花鼓鼓邊的羊皮線演變而來，只要仔細思考，就能變幻千百種花樣，深受小朋友喜愛。這個教材的設計也十分適合學校課程安排規劃，但如果能夠在翻版的圖樣上先進行設計，讓個別的造型美感表現在前，制式的黏貼技巧只是一個運用，則會更合適。

7. 陀螺

「任何東西，只要在『重心』的地方，插上一根棒子，再旋轉棒子，來帶動整體的旋轉，那就是陀螺了。」（1993）這是張世宗教授，在他的《玩遊戲》這本書上的註解。陀螺廣義的註解：「任何物質，本質只要能在表面上自身旋轉的，它就是陀螺。」陀螺的種類繁多，分類方式也不盡相同，有的依材質分類，依節令分類，依使用空間分類，依使用對象分類，依藝術風格分類，依年代分類，依國別分類，依性能（功能）分類……各有千秋。

民國二、三十年代，台灣兒童所玩的陀螺有四種：塑膠陀螺、鐵陀螺、響螺、木陀螺。其中，(1) 塑膠陀螺都是小型的，是比較小的兒童玩的玩具，徒手旋轉就可以，很容易成功。(2) 鐵陀螺，全身用鐵鑄造而成，約 3.5 公分寬，像六瓣的花朵，當中向內凹陷，側看是個三角錐體，是打鬥型陀螺。(3) 響螺又叫風螺或地雷，它是陀身中空有洞，大部分採用竹子為材料，上下有柄；上邊的柄是用來繞繩子抽轉，旋轉起來後，風從洞孔灌入，就會發出嗡嗡的悅耳聲響。(4) 台灣的木陀螺，造型最特殊，雙頭都可以旋轉，不論是徒手操作或是用繩子纏繞拋打，都能隨心所欲，而且旋轉起來姿勢很美妙，為台灣特有，全世界少見。

民國 58 年，桃園縣大溪鎮有一位簡先生，有一天看到一群小孩正興高采烈地當街打著陀螺遊戲，勾起了他兒時玩陀螺的甜蜜回憶，突然突發異想，因此發明了大陀螺，轟動了大溪鎮，也開創了台灣打大陀螺的風氣。大溪大陀螺的名聲，就此四處傳開，遠近馳名，也締造了世

界陀螺史上的新紀錄，為台灣加添了一個民俗技藝特色，簡先生功不可沒。目前陀螺的玩法已經不再是個人的遊戲，也發展成為民俗童玩特技團，如台中縣瑞城國小就發展了以團隊表演方式展現陀螺趣味的技能。

8. 團體遊戲

童玩可分為有形的玩具及無形的團體遊戲，只要是以人互動的遊戲，玩法為同伴自行分編，同組同隊的人一起全力協助去爭取勝利，在尊重對方原則下，可獲得團體教育的效果，有以下幾種玩法：

(1) 喂喂打電話：此遊戲可 2 人或 3 人對抗，在玩時要面對面，2 人手相拍並唱：「一角二角三角形（此刻手要比三角形出來），四角五角六角半（兩手擺上下狀），七角八角手插腰，喂！喂！喂！某人在家嗎？（手要擺聽話狀），不在不在剛剛去買菜。」這時要猜拳看誰輸贏，輸的人要接受贏的人處罰。

(2) 推人遊戲：這遊戲為人少的時候玩，在地面上畫相距約 50 公分的平行線，畫好時，人站在分開線上，一開始兩個人用手掌互推，如被碰到手掌以外部位就算輸，腳移動的人也算輸。

(3) 踩影子：大家先猜拳，輸的人當鬼，然後大家一起跑開，不要讓自己的影子被鬼踏到，如踏到別人影子，就換下一個人當鬼繼續玩。

(4) 跳房子：跳房子不僅是早期孩童最常玩的遊戲，至今亦常可在稻埕中看見三五成群的孩子，正聚精會神地丟著石頭瓦片，依著圖形跳躍著。

(5) 踩空罐：又叫踩低蹺，想學踩高蹺的小朋友，最適合從踩低蹺開始學起。不管是高蹺低蹺，小孩子最喜歡踩著空罐過沙堆、涉小溪、踩水窪，因為他們不擔心腳會弄濕。

(6) 扭力繩：利用一長繩，兩端各站一人，將繩子纏繞穩在手掌，並抵著臂部，在兩人的拉緊放鬆之間鬥智、鬥平衡感，若能騙對方打個踉蹌就贏了。繩子的材料必須選擇不易斷裂的，以防危險。

(7) 踢罐子：非常像捉迷藏如盯人遊戲，作鬼的人尋找目標，完全憑觀察力與敏捷度；靈光的人，擺好空罐時還能用眼睛餘光盯人，敏銳度差的人，5 分鐘內擺罐、踢罐來回八九趟，真是疲於奔命。

(8)挑香腳：把一堆香腳撒在地上，大家輪流跳著玩，以完全不觸動其他香枝（腳）為原則，挑一枝贏一枝，觸動則罰一枝。

(9)小腳兒娘：三五小孩擁簇逼團，有的忙剪布，有的忙貼紙，一會兒工夫縮型溫馨家庭的成員全部出籠。小腳兒娘意指小女生，步履輕盈、隨風生姿，好一幅扮家家酒的可愛畫面。

(10)補泥缽：是在大自然教室裡，最特殊的遊戲。泥土沾水捏成碗狀，將泥碗使力往地上扣，碗中空氣就會往上衝而頂破碗底，此時就可聽到「砰！」的一聲，破個大洞，對方就需用自己的泥來將別人的破碗補滿，最後看誰的泥多誰就贏。

(11)S形陣地戰地遊戲：先在地上畫出大S字圖形，並定出寶物與島的位置，將參加者分為兩組人，一喊開始，兩隊人就可以出陣進攻，奪取對方寶物，在陣地圈外，只能使用單腳跳進，兩人相遇就進行單腳戰鬥，戰鬥當中不能兩腳著地，否則出局，只有在陣地、島中，才可以兩腳著地，寶物被奪者輸。

(12)蝸牛戰地遊戲：先畫好蝸牛圈，再將參加者分為兩組人，遊戲開始時兩組分派一人，分別由內往外跑和由外往內跑，跑到兩人碰在一起時就猜拳，輸的人即淘汰並從陣地中再跑一位出來，贏的人就繼續跑，一直玩下去，先踏到對方地盤就贏了。

(13)走牛馬路戰地遊戲：在地面畫出圖形，參加者分為兩組人，分好後攻方就開始跑過馬路，在跑時讓對方摸到就淘汰出局，能達到對面陣地者算成功，全部跑完，雙方互換攻守位置，重新開始，最後計算雙方達陣者人數多寡，多者為贏。

（四）音樂類童玩

1. 吹紙笛

手工自製的紙管笛簡便易學，市面上販售的紙笛，則較為花俏。

2. 呼呼笛

早期吹管是用竹製，現多半改成塑膠，當氣球消氣時，利用空氣震動簧片「哇！」一聲，達到音響效果。

3. 紙盤鈴鼓

是國小學生勞作味十足的鈴鼓。

（五）文具／圖書類童玩

1. 原子筆槍

是原子筆管的竹器槍。

2. 漫畫面具

早期面具都是自製的，由野外的草葉面具到紙板畫的漫畫面具，都滿足了兒童喜歡躲在人群後面的好奇感。

3. 連點

在白紙上任意點上許多點，再由雙方輪流將點子連成三角形，看誰連成了三角形，誰就贏。

上述各種童玩的內容與玩法，也許每一個人的經驗或是理解略有不同，但如何轉化為教學，並篩選適合的童玩與選擇自然或人造材質的材料，都必須衡量學校老師與社區環境是否適合進行規劃設計為本位課程的教材，本章節結束附錄即提供部分的教材內容參考與改進。

二、依製作材質與方法分類

台灣是一個族群多元與有著豐富人文背景的國家，常隨著人們的創意與需求製作了不少富有鄉土特色的童玩，因此有以下分類：

（一）草類

地球上植物豐富，種類繁多，而草在台灣更是隨處可見，小時候總喜歡三五成群在鄉野間追逐嬉戲，因而與草接觸密切，自然興起對草的運用。以草來編織各種用品或動物最為常見，如扇子、喇叭、風車、魚、螞蟻等各式各樣造型。利用兩片或三片林投葉可摺編成草風車，也可捲成喇叭形，並加上一片嫩葉反摺的葉心就變成嗩吶；另外也可以蘆草、蘆花桿編織草蜢，用林投葉編公雞，用稻草編葉刀。

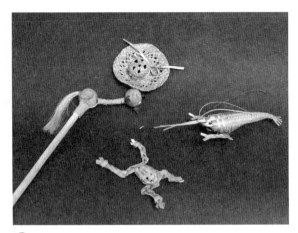

圖4.4　草編童玩

（二）竹類

　　竹子是早期孩童最常接觸的材質，因早期竹林林立，孩子遊玩的空間即是竹林，所以竹子與他們的關係密不可分，這種資源豐富的材質，小朋友當然不會錯過，製作成刀、劍、筝……等數不清的玩具。一截竹管可削孔成竹笛，或綁上汽球成竹汽球；也可削成長片中間穿孔，插上筷子或竹蜻蜓旋轉飛上空中，另外還可製作空氣槍、水槍、親子槍、竹節蛇、竹刀、竹簡等。

1. 畫眉笛：外型很像小氣槍，但推棒已成為粗鐵絲，前端並綁上棉花，沾水過的棉花擠在竹管中來回抽送，畫眉鳥叫聲即可出現。
2. 燕子笛：燕子笛是模仿鳥類叫聲的發聲玩具，吹奏時依手指位置的不同，發出的聲音各有特色。
3. 竹片槍：竹片槍是利用拉力射出子彈的一種竹製槍，子彈可用果皮或者切塊的蘿蔔、地瓜。
4. 竹筷槍：傳統童玩中，造型及材質都不變而流傳至今的竹型槍，簡易的作法，快速達成每個孩子的英雄夢。
5. 抖空竹：古時街頭賣藝常可見，抖弄空竹全憑巧手，轉得響更是重要，單人雙人都可玩，是戶外老少咸宜的團康童玩。
6. 竹青蛙：正方形上下兩片打板，內側挖出兩凹槽充當音室，黏上

眼睛後，一開一合酷似青蛙叫，和樂器中的響板有異曲同工之妙。

7. 踩高蹺：遠看像高腳鞋，走動時，要雙手握住兩棍。踩高蹺無人規定一定高度，小朋友可嘗試牛奶空罐製作的低蹺，熟練後，再試試高蹺。

8. 竹水槍：孩子打水仗不可缺少的武器。

9. 竹筒電話：竹筒電話的原理與現代電話完全相同，話線是媒介，話筒上的紙膜是兩邊可聽可說的關鍵物。

10. 竹頭號耳：是發聲的童玩。竹棒上的松膠與棉線當其旋轉相互摩擦時，透過棉線傳導到竹頭裡自然產生的音效，因為搖轉就發聲，又叫「搖叫」。

（三）紙類

簡單的一張紙即可變化出萬種的造型，從簡單的童玩摺紙船、飛機、鋼琴、紙蛙、紙帽、紙球等，到精巧的紙鶴、小熊、蓮花等，也可剪黏成油紙球、紙繡球、尪仔標等。今日更有精緻的紙雕，其細緻的刻法，令人無不豎起大拇指讚嘆。紙的用途並不限造型擺飾，許多童玩製作材質都有利用紙，如翻滾板即是一例，其巧妙運用物理，使一節一節的板塊反覆的翻轉令人驚奇，分以下數種童玩：

1. 紙龍：龍是中國吉祥動物，紙龍尤其特別。龍身呈蜂巢狀，拉動時很像手風琴，兩根竹桿可隨意舞弄，是年節期間最討喜的童玩。

2. 紙陀螺：是各式陀螺中，取材最容易的。

3. 紙旋子：旋轉的小紙條，絕不可小看它，旋轉葉片大小不同，一定會變跛腳旋子。

4. 蹺蹺板：屬家家酒小摺紙，造型簡單，趣味十足，卡紙一張立即有作品。

5. 萬花筒：以一寸直徑紙管一支，管中裝上三菱形鏡片一組，一端穿孔可洞察，尾端紙花加三菱鏡，逆光管窺，好一幅鏡中畫。

6. 紙球：將信手可得的紙張，像變魔術般，利用摺或黏貼的方式，

吹入空氣，就可使簡單的紙張變成立體好玩的玩具。

(四) 金屬類

在我們生活中，經常可看到廢棄的鐵線或鐵瓶蓋，小朋友利用這些廢棄物如酒瓶蓋可做毽子座，可敲平做飛盤或類似紙牌競賽，可打洞穿線製成風螺；空罐可製成低蹺踩；鐵線可摺成鴛鴦扣、巧環、九連環，或滾輪圈來滾動 …… 等，做成具有創意的玩具，另可摺成腳踏車、飛機、三輪車、眼鏡等，很受小孩童喜愛。

圖4.5　鐵皮玩具

(五) 麵粉類

色彩鮮豔，造型多變的捏麵人，一直很受小朋友喜愛，至今在廟會或慶典活動上，仍看到捏麵師傅的手藝。事實上，捏麵人原本是宴席上裝飾的「看果」，作為觀賞用的，到宴會結束之後，小朋友即拿來當玩具。一般捏麵師傅都會捏一些人們熟悉的人物，在捏、拉、扭、挑之下個個成為精巧可愛的麵人。捏麵人要做得好，首先須把麵糰做得好，故現在介紹麵糰的作法：

1. 以麵粉四碗和糯米粉一碗的比例加水均勻揉合。
2. 將麵糰分成數份並壓成大餅狀，再置於滾水中煮，到麵糰浮出水

面，即可夾出來冷卻。

3. 在麵糰仍有餘溫時，加入食鹽、明礬粉、防腐劑，一起搓揉均勻，至此便完成簡單的練麵工作了。

(六) 其他

除以上分類外，其他尚有夜市童玩類，如：

1. 抽鴨蛋：在物質缺乏的時代，就算一杯糖、一匙鹽都很珍貴，何況是鹹鴨蛋。抽鴨蛋的老板為了美化鴨蛋，會將鴨蛋加上麵人，你看是否有價值多了？

2. 套藤圈：夜市裡，老少咸宜的遊戲。由於藤圈富於彈性不易套住目標，更增加其挑戰性，在家裡可用膠帶紙圈來玩。

3. 吹泡泡：吹泡泡遊戲在洗澡時最適合玩，但是晶瑩剔透的肥皂泡，小朋友隨時都想玩。傳統的吹泡泡工具只是一支摺平的金魚勺子，現在吹泡泡已經發展成鐵絲或塑膠圈。

童玩之種類繁多，不勝枚舉，因每一個人所蒐集的童玩喜愛特性不同，自然會有不一樣的見解，上述僅供教學參考，期望在分享之餘，對於童玩之綿延有所助益。而在學界中，就屬「游於藝」網站的張世宗教授對於研究與發展童玩教學最不遺餘力。也許在教學上不管以何種方式區分種類、內容繁多的鄉土傳統童玩，只要確實曾為人們帶來無數的歡樂時光，加上時代背景和產品材料的變化，當時的兒童極具創造性的開發了很多種童玩的內容，便值得我們在教學場域中規劃設計為藝術課程選用的教材。

早期台灣社會，「貨郎」在各鄉鎮市集推銷貨品與童玩的贈品與販售也是一大特色，是在中國或台灣農業社會流傳下的景象之一。從幾千年前趕市集的日子開始到今天，不斷變化著他不同的角色：有時扛著稻草桿上面插一枝又一枝紙風車、紙繡球、糖葫蘆、叮叮咚咚的博浪鼓和伊呀作響的竹頭號耳，有時是背上揹著大小汽球或塑膠汽球晃呀晃的；還有揹著盒兒、挑著擔兒、推著車子，利用盒兒裡幾團糖膏，吹呀吹的就吹出各種人兒和動物的造型來，也有利用著色的麵糰捏成觀世

音、孫悟空、豬八戒等西遊記人物或關公、八仙等捏麵人，無不栩栩如生……。這些貨郎所到之處就是孩子聚集的地方，帶給孩子們各種童玩，也帶給孩子們充滿歡樂的童年。而傳統雜貨鋪是另一處吸引孩子們的地方，在那裡有小朋友喜歡的如：抽獎換獎品，也可以買到尪仔標、塑膠仙、彈球、小皮球、汽球、塑膠汽球、橡皮筋等各種童玩，因此傳統雜貨鋪的存在就開始逐漸替代了貨郎原有的角色。這些歷史發展與民間軼事其實都可以編寫成一個故事進行教學，或是由學生發展成為繪本的教學題材，讓這些令人思古懷舊的情感得以延續在我們的藝術課程之中。

以當今社會而言，在外來文化童玩衝擊之下，科技互動式 Wii、網路電玩遊戲、電動玩具、跳舞機、線上建構式遊戲……等，駐足於各個家庭，已在無形之中，慢慢地減損了國內孩童的視力與健康，而本土童玩漸形消逝，實令人擔憂。如何讓教學喚起對在地文化的情感與認同，在推展舊有童玩教學與課程規劃的同時，是不可一味的將整套早期童玩傳統技法套用在當今學生學習的課程上，應視地方環境資源之現實狀況與特有媒材，積極去開發更適合我們的學生、引導他們思考、創意聯想的發展，讓童玩成為更具地方特色與學生喜愛的表現學習教材。

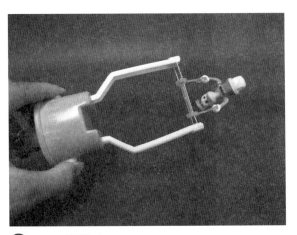

圖4.6　塑膠童玩

附錄

表 4-1 童玩教學的課程設計

（本教材僅供參考，教學者可因應地方特色、資源而調整修正）

類別	單元名稱	年級	準備材料	教學過程
紙童玩類	降落傘（本次實作）	一年級	16K 書面紙一張、A4 影印紙 2 張、縫衣線 30 公分、白膠、尺、剪刀、釘書機、彩色筆	1.將 A4 影印紙，取 4×21 公分一條，按圖解摺剪。 2.塗上喜愛的顏色，即可遊戲。 3.注意降落傘雙翼的部分，摺出 100° 角，不要低於 90° 角。
	紙陀螺			1.將書面紙取 6×21 公分一條，按圖解摺剪，並將兩端重疊後，用釘書機釘牢。 2.塗上喜愛的色彩，一端綁上縫衣線，即可遊戲。
	爬呀！爬（本次實作）			1.將 A4 紙放直式上下對摺，切下來。 2.按圖解摺。 3.在三角形頂端撕下一小片紙片。 4.將紙放置三角形中央，靠雙手的食指摩擦裡面的紙片，即緩緩上升，最後由頂端的孔冒出來。
	不倒翁站起來			1.A4 紙張取最大正方形，切割下來。 2.按圖解摺。 3.利用紙的彈性及重力，讓紙張站起來。

操作偶戲玩類	舞動的玩偶	一年級	竹筷 2 支、白膠、剪刀、布塊約 10×25 公分一塊、色紙一包、厚紙卡 16K 一張	1. 取布塊做身體部分。 2. 兩端用白膠包上竹筷。 3. 用厚卡紙做出頭部、四肢及尾巴。 4. 色紙裝飾身體及頭部。 5. 身體布塊部分也可用剪刀剪裁或棉線綁出不同造型。
			雙色厚卡紙 8K 一張、色紙、剪刀、白膠、竹筷 2 支、釘書機、尺	1. 用厚卡紙做出動物的頭部。 2. 將兩條 7 公分寬的長條形雙色卡紙，交叉摺疊，做出身體部分。 3. 將頭部和身體黏貼固定。 4. 用色紙裝飾、黏貼，做出四肢及尾巴。 5. 頭及尾巴處各黏貼一支竹筷，即可舞動玩偶。
		二年級	色棉紙一包、其餘材料如上	1. 頭部的作法如上。 2. 身體部分：將色棉紙摺疊，剪成半徑 4 公分大小的圓 20 個。 3. 將圓交叉黏貼，最後頭、尾再各黏一支竹筷，並用色紙做出四肢、尾巴，即完成。
	甜筒娃娃	三、四年級	長條形紙盒或中型紙杯一個、竹筷一支、舊絲襪（一隻）、紙黏土少許（或保麗龍球）、白膠、膠帶、色紙、剪刀、其他裝飾於戲偶頭部的物品	1. 塑膠袋取斜角，剪下四分之一圓之後用膠帶黏貼於盒口。 2. 竹筷穿過紙盒底部及塑膠袋，用膠帶固定。 3. 做紙黏土球，黏貼於竹筷頂端成頭部。 4. 用色紙裝飾玩偶，抽拉竹筷，玩偶即可運動。 ※注意：絲襪部分，也可以用塑膠袋、皺紋紙或網狀清潔袋代替。

操作偶童玩類	掌中偶	三、四年級	針、線、白膠、廢棄布塊、襪子或手套一只、活動眼睛一對、水彩顏料、剪刀	1. 將襪子或手套戴在手中，想像其所表現的造型，先將多餘的部分塞、摺或綁起來。 2. 利用針線縫上其他的布塊或塗上水彩裝飾外形，最後黏上一雙活動的眼睛。 3. 掌中偶完成後，可自編劇本，表演戲劇。
	紙盒獅頭	四年級	餅乾紙盒約 8×16 公分以上、美工刀、剪刀、廢棄布塊、廢棄物、色紙、白膠、釘書機	1. 將紙盒取中央，切割其中三面，並在紙盒內部黏貼把手，並將其往下翻摺。 2. 利用色紙及廢棄物黏貼，表現獅頭特有的造型。 3. 用布塊做出身體部分，將其釘在紙盒上，即成為可以舞弄的舞獅了。
	手腳動動拉線偶	五年級	厚卡紙 8K、棉線 100 公分、牙籤 2 支、針線、剪刀、鑽子、色紙或廣告顏料	1. 將人偶身體分解，分別畫在厚卡紙上。 2. 剪刀裁剪後，用針線一一組合（或用小竹籤與線固定）。 3. 四肢與身體重疊的地方要較多。 4. 棉線分別綁在四肢與身體重疊部分（棉線裝在背面）。 5. 用色紙或廣告顏料裝飾玩偶，拉動棉線，玩偶的四肢即可活動。
		五、六年級	牙膏形長紙盒、底片盒 7 個（也可以用小紙盒代替）、棉線 100 公分、鑽子、剪刀、色紙、白膠、泡棉膠一小段	1. 將紙盒及底片盒分別用鑽子打孔（注意安全）。 2. 棉線分別穿過底片盒及紙盒，並打結，使其固定，不易滑動。 3. 將四肢的棉線集合一起，固定打結，拉動棉線，玩偶的手、腳即可運動。 4. 頭部的底片盒底部用泡棉膠和身體固定一起，頭頂並穿上一條棉線，可作為吊掛用。 5. 用色紙裝飾其造型，即完成。

操作偶童玩類	駝鳥寶寶	六年級	小型紙盒（類似名片盒大小）、毛線、棉線、底片盒一個、底片盒蓋2個、紙黏土少許、竹筷2支、鑽子（打洞用）	1. 將小型紙盒當作駝鳥的身體部分，毛線穿過紙盒分別當作脖子及兩隻腳。 2. 底片盒蓋打洞，毛線穿過後打結，當作腳掌部分，並黏貼紙黏土，增加重量。 3. 底片盒打一個洞，將脖子的線穿過打結，當作頭部。 4. 竹筷交叉成十字形，用棉線固定，最後分別將頭及四肢用棉線固定在竹筷上，即完成可以操作的提線玩偶。
動力童玩類	旋轉陀螺花	一年級	厚紙板（300磅）8K一張（也可以用牛奶罐上面的蓋子）、棉線60公分一條、牙籤一支、膠帶、圓規、剪刀、色紙、膠水	1. 用圓規畫出半徑約9公分的圓，並剪下來。 2. 將棉線套在牙籤上。 3. 用膠帶將牙籤固定在圓形的圓心上。 4. 左手抓棉線，另一隻手旋轉陀身，使棉線繞緊。 5. 雙手各拿一端線拉開，陀螺即旋轉。
	大競賽	三年級	紙杯一個、牙籤一支、紙黏土或廢棄1、2號電池、膠帶、橡皮筋一條、剪刀	1. 紙杯開口處，用鑽子左右各打一個洞。 2. 竹籤綁上橡皮筋後，包上紙黏土球，紙黏土球不可過小。 3 橡皮筋兩端穿過紙杯的左右洞口，並用牙籤固定，膠帶黏貼。 4. 裝飾紙杯，待紙黏土球乾後，轉緊黏土球，放手後紙杯即可向前滑行（電池功能與黏土球相同）。

動力童玩類	環保陀螺	六年級	小型礦泉水保特瓶彩色電器用膠帶、鑽子、舊報紙、粗竹筷、粗童軍繩約100公分	1.保特瓶裁剪留下底座及封口處。 2.瓶蓋用鑽子打洞，插入長短適宜的竹筷。 3.報紙泡濕，撕成小塊，慢慢填滿保特瓶，並注意保持重心。 4.最後將底座蓋上，以彩色電器用膠帶黏綁裝飾。 5.完成後，繞上童軍繩即可遊戲。
拉力類童玩	看誰爬得高	一年級	衣夾（手握部分需有孔洞）、剪刀、色紙、厚卡紙、雙面膠、棉線120公分一條	1.將棉線依圖示，穿過衣夾的孔洞。 2.用厚卡紙做出動物的造形，黏貼在衣夾上，再將棉線一端掛在掛勾或門把上，左右拉動棉線，即可遊戲。
		二年級	剪刀、棉線120公分一條、小紙盒（類似名片盒或稍大些）一個、色紙、鑽子	1.小紙盒上下各打兩個洞，棉線兩端分別穿過洞口，上下再各自打一個結，使其不易滑落。 2.裝飾紙盒。 3.將棉線一端掛在門把上，左右拉動棉線，小紙盒即會慢慢往上爬。
平衡類童玩	紙杯不倒翁	三年級	色紙、膠帶、白膠、釘書機、紙黏土少許、雙色厚紙板、紙製小湯杯一個、尺、剪刀	1.厚卡紙裁成1.5公分寬，25公分長兩條。 2.將卡紙條交叉成十字形，用釘書機固定。 3.十字形卡紙條，用剪刀刀柄輕刮，使紙張較柔軟且具彈性，四邊拉起，包圍成一個圓球狀，中央黏貼一粒紙黏土球。 4.將紙球以膠帶固定在紙杯上，裝飾紙杯，即成左右搖擺不定的不倒翁。 ※注意：以色紙裝飾紙杯時，重心儘量放低，不倒翁才比較穩。

第 4 章 童玩教學與實作

風力類童玩	旋轉遊戲（本單元）	四年級	書面紙（不要太厚）可彎曲吸管一支、雙面膠一個、色紙或彩色筆、圓規、剪刀、鑽子、紙杯	1.在書面紙上用圓規畫出 5 公分和 4 公分的同心圓（也可用圓形物品代替）。 2.在兩圓間畫出鋸齒狀圖形。 3.彩繪傘面並裁剪。 4.虛線向下摺後，黏貼成傘狀。 5.紙杯穿洞，插入吸管，將紙傘置於吸管上方，對著吸管吹氣，即可旋轉。

表 4-2 童玩教學資源——書籍類

序號	書 名	作 者	出 版 社	電 話
1	遊戲保特瓶	李怡靜	聚智文化有限公司	(02)2657-8907
2	遊戲牛奶盒	林俊豪	聚智文化有限公司	(02)2657-8907
3	生活美勞 DIY1 石玩篇	三采文化	三采文化出版事業有限公司	(02)2873-2727
4	生活美勞 DIY2 木玩篇	三采文化	三采文化出版事業有限公司	(02)2873-2727
5	生活美勞 DIY3 紙玩篇	三采文化	三采文化出版事業有限公司	(02)2873-2727
6	生活美勞 DIY5 環保篇	三采文化	三采文化出版事業有限公司	(02)2873-2727
7	生活美勞 DIY8 土玩篇	三采文化	三采文化出版事業有限公司	(02)2873-2727
8	創意環保童玩（環保大師系列）	三采文化	三采文化出版事業有限公司	(02)2873-2727
9	環保親子童玩（環保大師系列）	三采文化	三采文化出版事業有限公司	(02)2873-2727
10	童玩大師 DIY（環保大師系列）	三采文化	三采文化出版事業有限公司	(02)2873-2727
11	給現代兒童的古老遊戲	三采文化	三采文化出版事業有限公司	(02)2873-2727

12	幼兒教具偶專輯	翁麗芳 蔡春美	國立台北師範學院幼兒教育中心	(02)7321104 轉 345
13	兒童遊戲天地 1 科學遊戲大圖鑑	津田妍子	聯廣圖書股份有限公司	(02)2381-3732
14	兒童遊戲天地 2 續科學遊戲大圖鑑	津田妍子	聯廣圖書股份有限公司	(02)2381-3732
15	兒童遊戲天地 3 遊戲大圖鑑	菅原道彥	聯廣圖書股份有限公司	(02) 381-3732
16	兒童遊戲天地 4 續遊戲大圖鑑	菅原道彥	聯廣圖書股份有限公司	(02)2381-3732
17	兒童遊戲天地 5 DIY 玩具大圖鑑	菅原道彥	聯廣圖書股份有限公司	(02)2381-3732
18	兒童遊戲天地 6 續 DIY 玩具大圖鑑	菅原道彥	聯廣圖書股份有限公司	(02)2381-3732
19	童玩聯合國	東北岸創意組合工作室	宜蘭縣立文化中心	
20	草編童玩	孫業琪	台中縣立文化中心	
21	動手動腦活好 ──80 種預防老化簡易童玩（C13）	日本教育研究所	商智出版社	
22	寫給青少年的 ──台灣早期童玩野趣	王灝	常民文化事業有限公司	
23	台灣童玩	安可出版社	安可出版社有限公司	(08)7662332 (04)27652738 (04)27652748
24	風箏設計製作	張文炳	西江書局	
25	童玩 DIY （生活智庫）	多田千尋	台灣實業文化	(02)22452239
26	環保童玩	黃素慧	美工圖書社	

27	童年美勞		亞泰關係企業統美書局有限公司	(04)23899959 (04)23897996
28	不花錢的美勞教材 121 種	何清吟	中華色研出版社	(02)23920319 (02)23216736
29	保特瓶牛奶盒創意勞作	鈴尾泰樹 木村研著 邱夢蕾譯	輕舟出版社	(02)23034812
30	世界童玩 1、2		專業文化出版社	(02)26581791-2
31	創意鄉土游藝珍傳		廣成出版社	(04)22834328
32	玩遊戲		太聯文化出版事業股份有限公司	(02)27713763
33	快樂的童玩		智揚出版社	(02)28222242 (02)28223744
34	有趣的科學美勞	江盈慧	天母書城	
35	教具製作與應用		新形象出版事業有限公司	(02)29229000
36	中國童玩		漢聲雜誌社	(02)27631452~5
37	孩子們的實驗童玩（一套四冊）	李雲	曉群出版社	(02)23325995 (04)24813137
38	兒童歡樂的美術造型階梯	佐藤諒著 李英輔譯	聯明出版社	(02)25012204
39	新奇好玩的紙童玩		台灣日販股份有限公司	(02)23881720

序號	篇名	作者	刊名	卷期／年月
1	中國童玩——地牛	戴遐齡	國教新知	46:2／民 89.01 頁 66-76
2	童玩之美——竹陀螺製作	焦正	國教天地	120／民 86.02 頁 14-18
3	鄉土童玩遊戲與運動文化的省思	李建興	國民體育季刊	24:3-106／民 84.09 頁 100-105
4	省產材兒童玩具新產品開發之研究	陳接枝、李榮烈、盧祥華	台灣手工業	53／民 84.01 頁 49-72
5	新新人類的遊戲教育觀——讓孩子在遊戲中成長與學習	蔡敏玲、曹俊彥、蘇振明、杜榮琛、周慧珠、張世宗	書卷	3／民 82.09 頁 4-17
6	「陀螺」——昔時市郊部落慣見的一種童玩	陳登風	台南文化	35／民 82.06 頁 45-51
7	從「童玩」看我國聯刷郵票	陳守煒	今日郵政	425／民 82.05 頁 26-30
8	學前兒童玩具設計要素評斷研究	秦自強	明志工專學報	24／民 81.05 頁 97-122

序號	網名	網址
1	民藝皮影童玩館	http://www.skyfamily.com/yinghan/index.html
2	福爾摩沙我的家	http://residence.educities.edu.tw/blackyu/
3	民藝皮影戲台北館	http://topia.yam.com/users/moschino/index.htm
4	童玩天地	http://astley99.2u.com.tw/
5	渦渦的童玩世界	http://www.taconet.com.tw/minreng/
6	3 毛網路劇場	http://cheese.3maokids.com/theater/
7	草鞋墩鄉土文教協會	http://www.nantou.com.tw/ttshoe/
8	游藝館	http://blog.ueplay.com/

表 4-5　童玩教學資源——師資

師資	單位	職稱
張世宗	國立台北教育大學	教授
吳望如	米倉國小	校長
蘇國標	桃園縣中埔國小	教師
魏水明	退休校長	校長
曾仰賢	台中縣大里市大元國小	主任

參考文獻

張世宗（1993）。玩遊戲。台北：太聯。

張世宗（2002）。台灣傳統童玩與益智游藝。台北：鼎文。

第 **5** 章

版畫教學與實作

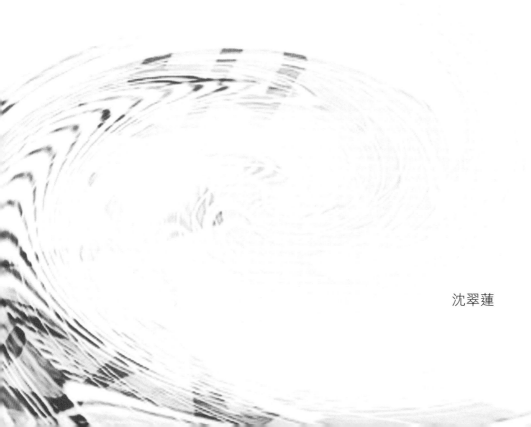

沈翠蓮

版畫簡史

一、中國版畫的濫觴與成長

中國版畫發展的背景始於中國，從秦朝開始就有以印章作為憑信的習慣，到了 6 世紀初南朝蕭梁時代，以紙、墨來拓取石碑上的文字（行政院文化建設委員會，1986）。在西元 105 年蔡倫發明紙張後，加上雕刻技術的日益精良，有關動物造型的「肖形印」大為風行。後漢時期，佛教傳入中國，有關宗教信仰的印章開始大量印製（張家瑀，2001）。

不過最早的雕版版畫要追溯到西元 868 年以前，在敦煌發現的《金剛經》，首先以圖像的形式，表現在書籍中，開創了木刻繪畫的先河；此作品呈現了唐朝盛行「墨版」印刷，尤其是《金剛經》卷首扉頁的「祇樹給孤獨園」，無論是構圖、形象與刀法皆甚為精妙與純熟。

到了五代十國（西元 907-960 年）佛畫一直是雕版印刷的主流，最富盛名的是「大聖毘沙門天王圖」和「大慈大悲救苦觀世音菩薩圖」。唐、五代在中國版畫的定位為成長階段。

宋、元版畫的發展發揮實用的價值，在藝術的水準也提升了不少。宋代發展公私刻坊，刻書之風大盛，畢昇發明了活字印刷術，雕版印刷走向經學、文學、藝術和民間日用書籍的刊印。至於這時代版畫的功能作為書籍文字的插圖為一大特色，《列女傳》、《梅花喜神譜》的插圖形式對後代的影響甚鉅。（行政院文化建設委員會，1986）

二、中國版畫作輝煌的年代——明代

(一) 雙色套版

中國雕版印刷到了元朝發展到朱墨雙印的技術，在元順帝至元六年（西元 1340 年）出現雙色套版作品「靈芝圖」，相較於日本寬永四年（西元 1627 年）最早的套色版畫作品「塵劫記」早了 287 年。（行政院

文化建設委員會，1986）

(二) 一版多色套版

明朝（西元 1368-1644 年）在手工藝繁盛以及戲曲與小說發展的環境下，激發出書本插圖出版的殷切需求，造就木刻版畫輝煌的成就。此時期在雕版插圖方面朝向專業化和多彩化，繪圖、刻版及印製全由一人完成，各地雕版師彼此切磋，提高技藝，作品精工細緻，如當時最著名雕版地區——安徽歙縣程君房刻印的「程氏墨苑」和方牆綠刻印的「方氏墨譜」等，為當時新穎的一版多色的彩色印譜（張家珝，2001）；再加上知名藝術家，如仇英、鄭千里、趙文度、陳洪綬等的參與，作品融入高雅的氣韻，形成中國版畫史上全盛的黃金時期。

(三) 多彩套印

相較於西元 1605 年一版多彩的版畫作品「程氏墨苑」，於西元 1606 年雕版藝術家黃一明發明了餖版（即多彩套印），並以此法出版印有彩色圖案的「風流絕暢圖」，每一個圖案都是由五塊木板雕製套印而成，使用了黃、紅、綠、藍、黑五色，在當時引起極大的震撼（張家珝，2001）。

承接餖版加以改良，明末知名藝術家吳發祥和胡正言利用「餖版拱花」（所謂「拱花」，就是以雕花版片，施加壓力在紙上造成浮雕的花紋）的技術，以分版、分色以及凹凸特製壓模使畫面拱起，印製的傳世傑作有吳發祥的「蘿軒變古箋譜」（西元 1626 年），胡正言的「十竹齋書畫譜」（西元 1627 年）、「十竹齋箋譜」（西元 1645 年）。

三、中國版畫的沒落——清代

(一) 繼承宋代

清代版畫繼承明代的遺風，仍有不少優秀的作品，在人物的描繪有「離騷圖」（西元 1645 年），「太平山水圖畫」（西元 1648 年）描繪安

徽的太平山景。清代設有府內主持的雕版印刷稱為「殿版」，以宮廷畫家焦秉貞所畫，朱圭、梅裕鳳合刻的「耕織圖」（西元 1696 年），西元 1713 年朱圭所刻的「萬壽盛典圖」是殿版書籍中最精麗有力的作品。還有王安節的「芥子園畫譜」是中國水印木刻之極至。

(二) 年畫

清代光緒以後，新式印刷技術傳入中國，西方的石版畫技法取代了木刻版的地位，照相影印法技術相繼傳入，再加上受樸學風氣的影響，中國傳統版畫日漸衰微，木刻版畫工坊轉為研究發展「年畫」，為版畫打開新局面，注入新的滋潤。年畫題材的選擇多為忠、孝、節、義事蹟，吉祥語圖等，因求取新年期間的熱鬧氣氛，能結合民眾的情感與思想，博得群眾的歡喜和欣賞，因此深入農村、城鎮的每個角落，成為民間裝飾的藝術品（行政院文化建設委員會，1986）。

四、台灣版畫的發展

(一) 中國版印的傳入，以實用性為主

台灣傳統的木刻版畫由大陸廣東、福建沿海一帶傳入，其風格和用途與閩、粵兩地相似。早期台灣的雕版印刷均以實用為主，作為輿圖、山川圖、勝景圖、官署圖以及佛經、醫書、文集等用。如明鄭於永曆 25 年（西元 1671 年）刊印的《大明中興永曆大統曆》，康熙 22 年（西元 1683 年）出版的《台灣郡志稿》、西元 1693 年出版的《台灣府誌》以及之後的《台灣縣志》、《鳳山縣志》、《淡水廳志》等。西元 1821 年在台南舊城開設的「松雲軒刻印坊」出版學堂用書、勸善書、佛經、神像版畫、寺廟詩籤以及女紅刺繡圖等，其中以宗教書籍居多，作為台灣當時民眾的心靈寄託（張家瑀，2001）。

過年為取得好兆頭，家家戶戶會張貼傳統的木刻年畫，在台灣普遍使用的年畫有門神、門額厭勝、門楣掛箋、斗方和對聯等。因為中國人崇尚風水命理，凡住屋格局、坐向皆有定式。台灣地狹人稠，巷弄縱

橫迂迴，簷角交錯，宅牆相望；居民遇有疾病災禍，往往歸因於屋宅相衝之說，為擋煞制衝，祈求住宅平安，各式鎮宅辟邪的器物、圖騰因應而生，這些生動有趣的辟邪物俗稱「厭勝物」。至於門額厭勝為求取吉祥的新年版畫，其構圖包括獅子、七星劍、八卦圖、北斗、太極圖、蝙蝠、葫蘆、祥雲等物的組合，威猛的造型作為避凶趨吉用（華夏經緯，2009 年 8 月 7 日）

(二) 版畫藝術的未來性，以國際化發展

目前，台灣除木刻外，出現銅版、石版、紙凹版、絹印等版印方式，台北市立美術館舉辦的「中華民國國際版畫雙年展」激發國內版畫藝術家的表現朝向現代性、造形性，結合現代新思潮，將版畫藝術推向國際舞台。

五、結語

版畫藝術從實用的功能經過藝術水平與技巧的進一步發展，創作題材從宗教逐步擴展到各個領域，如山水、花鳥、人物、動物等，表現形式也多種多樣，以人們的日常生活、藝術感受、審美情趣為主要表現形式，各歷史時期展現出特定的風貌。到了明清，木刻版畫以及藝術成就達到了中國歷史上的頂峰時期，在多元發展的後現代環境下，不管中國或台灣，都已體認到現代的新思潮，傳承傳統的版畫技法並加以發揚光大，結合各種媒材、綜合多樣技法，無不卯足創意，以期充分發揮版畫藝術的藝術性。

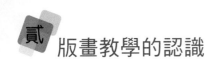

貳 版畫教學的認識

一、版畫的特徵與版畫教學的意義

「版畫」在印製的處理產生繪畫所不能及的特殊風味與複數性，成為藝術家樂於表現的媒材；在製作的過程中，從構圖、製版到印製，更具有計畫性、組織性、層次性，所以版畫教育，可達到分析與組合能力的訓練功能，以及滿足於腦力與肢體雙向的協調，達到創作的樂趣。

(一) 版畫是間接的藝術

1. 版畫的意義：版畫不同於繪畫顏料的直接描繪，而是透過「版」作為媒介物，顏料施作在「版」上，再由「版」轉印至作品上，其表現的手法是間接的。

2. 版畫轉印的特徵效果是意象表現很好的媒介：木板畫古拙線條、對比的調子和木紋肌理，銅版畫纖細的線條、濃淡變化的調子，石版畫的筆觸和水墨渲染的韻味，絹版平整色面及豔麗的色彩等，版畫產生豐碩變化的效果，若能善加運用與經營，提供更寬廣的表現領域，能將創作者內在意象妥善表達出來（廖修平，1974）。

3. 版畫教學被視為畏途：版畫利用「版」當中間媒介物而非直接描畫的間接手法，讓人誤認為製版印刷複雜，而視版畫製作為畏途，阻礙了版畫教學的發展。

(二) 版畫具「複數性」特徵

版畫藉媒介物「版」來印製成品，印刷為一種複製的技術，所以「複數性」成為版畫的特點之一。

1. 複印的技術印製出許多相似的作品，一般人狹隘的概念認為版畫的藝術價值性比單張的繪畫作品低，其實，版畫也是創作的手法之一，只要能將內在意象妥善表達出來的都是好的作品。

2. 版畫家會在作品上簽名，並註明印製的總數之第幾張，主要是證明作品的原創性，讓人家知道一張畫出版的數量。一般在畫面的左下角註明出版數量及張次（AP是試做，分母是指發行的數量，分子是指出版的張次），中央是畫題，右下角是製作年代及作者簽名（李延祥，2002）。

3. 從另一個角度看待作品的複數性，可以讓作品同時展現在不同的地方，反而增加作品與觀眾接觸的機會，使它更能成為適合大眾社會的藝術品，版畫發揮了社會意義的價值性（廖修平，1974）。

4. 版畫作品的複數性特點，更能讓學生將作品分享給他人，培養九年一貫表達溝通與分享的基本能力。

(三)版畫的陰陽表現（以凸版版畫為例）

在版面上利用雕刻刀將圖像彫刻出來的方式有兩種：一種是雕刻時保留圖像的線條，將非線條的部分挖掉而成凹陷，凸出的圖像沾到油墨被印製出來，在作品上看到的是有墨色的線條是為陽刻；另一種是將圖像的線條刻掉凹陷，圖像線條是被周圍面積擠壓出來，呈現沒有顏色的線條，是為陰刻。

陽刻在雕刻時要保留住細長婉轉的線條，對學生而言較不容易，但印製出來的效果與素描稿的效果較一致。陰刻是依照版面的草稿刻線，容易施作，但是印製出來的效果像照相的底片，黑白相反。

(四)版畫教材地位分析

版畫教學可以從遊戲性開始，無須受到「構圖－製版－印刷」的限制，充分提供幼兒「拍」、「捏」、「壓」、「印」等除了「繪」的動作外的觸覺與視覺活動，讓幼兒經驗印製的快感，從而豐富孩子對各種素材表現的美感經驗，進而拓展孩子版畫創作的能力。

國小中年級的學生在認知發展已進入寫實前期，可以從事計畫性的工作，教師可以安排較容易施作的版材版畫活動，以減少克服雕刻的艱難與繁瑣的時間，多體驗顏料透過各種材質印製出的美感以及預想結果後的驚奇。

國小高年級的學生在認知發展已進入寫實期，較成熟的心智可以讓他們面對「構圖－製版－印刷」整套印刷的過程，刀具的使用可以吸引他們細心工作，培養認真工作的良好態度，計畫性與期待性的活動可以滿足他們系統性的思考需求（郭榮瑞，1989）。

二、版畫的分類

版畫依印刷的方式可分為凸版、凹版、平版和孔版四種形式。這四種版常用的表現材料：凸版包括木刻版、橡皮版畫、紙版畫和實物版畫等；凹版則以金屬（銅、鋅、合金等）版畫為主；平版畫有石版畫等；孔版有紙孔版畫和絹版畫等。

這四版的形式各有其獨特的性質，創作者可以依本身想要表現的效果靈活運用，甚至可以綜合兩種或數種形式並用，這種組合稱為「併用版」。（廖修平，1974）

(一) 凸版版畫

這是最古老的印刷技術，來自於中國自古使用印章的習慣。凸板指的是受墨部位在版材凸的地方，所以製版時是將圖像以外不需受墨的部分剔除，再施以顏料經壓印使版面凸出部分的圖形「倒印」（左右相反）在紙上。版材常用木板、橡膠板、石膏板、紙板來做雕刻，或用實物黏貼產生凸起落差，即可施作。

(二) 凹版版畫

凹版畫啟發自 15 世紀初義大利雕刻匠工，為使刀劍把柄、盔甲裝飾之花紋線條顯現，將紋路凹部擦入油墨，在偶然間刀劍紋路被滴落的蠟液覆蓋，剝開凝固的蠟液，發現墨色條紋明顯的沾在其上。同理，在金屬版上，以刀具或酸液腐蝕出各種凹線、凹槽，再將油墨擦入凹部圖紋，同時將版上不需著墨部位的油墨擦掉，然後覆蓋紙在其上通過壓印機、壓筒的壓力後取得凹陷之圖像（李延祥，2002）。

凹版常用的金屬板較不適合在國小版畫教學，但可以在厚紙紙版上

以雕刻刀、針筆運用雕、割、剝、撕等技法，在版材上造成高低落差，將油墨塞塗入凹陷處，再把版面油墨擦掉，也可以產出具豐富變化的凹版作品。墊板、壓克力板也是可以取代金屬板的凹版材料。

(三) 平版版畫

平版的特性不在於版材的高低落差，而是在平面版上利用「油水互斥」的原理。它可以解決雕刻的艱難與繁瑣，在版面上以油脂性塗料（如蠟筆、藥墨）作畫，之後在全版面披上一層水，油脂性的圖案因排水性將水排開，此時塗上油性油墨，因油水相斥原理，版面上只有油脂性圖案的親油性可以沾上油墨，印製出平版畫作品。

(四) 孔版版畫

孔版版畫是利用版材上形成的「漏孔」狀，將油墨透印在紙上。常用的版材有絹布，絹布上的網目可以透墨，所以在絹版上利用膠水或蠟筆或是感光法等將網目塗塞使之不透墨，運用透墨與不透墨，以刮刀將顏料擠透鏤空的網目，印製出圖像來。

紙材最適合小學生的使用，所以利用一些硬一點的紙板鏤空挖洞，產生透墨與不透墨的布置，可以大筆沾顏料、滾筒著色或噴漆，顏料透過鏤空印至紙張上。

這種「透過式」的印刷，因為紙張與版材圖像是同樣朝上，所以作品是正面性圖紋，而凸、凹、平版的印刷方式，因為紙張覆蓋在版材上，面對面的印刷關係像照鏡子一樣產生反面性圖紋（左右相反）。

三、版畫製作的步驟（以凸版版畫為例）

從構圖、製版到印製，版畫創作是具有計畫性的活動，其程序大致如下：

(一) 構思

從生活中取材，思考有感覺的、能感動的生活點滴，慢慢聚焦醞釀

出主題，把創作的想法轉換成視覺形象，有時需要從蒐集的圖片或素描的圖稿尋找依附的圖像，才不至於想法空洞。

(二) 起稿

把構思轉換的形象在紙上素描，素描的草稿要畫得具體些，細節可以幫助感動性，圖像在版面的布局也要在素描稿上思考進來。

(三) 上版（複稿）

上版這個動作是把素描稿畫到版面上。上版的方式有二種：一是按素描稿描繪在木板上，這種將稿件平移的方法會有誤差，可以訓練學生描繪力；另一種是使用複寫紙，按樣子描繪，容易複寫但是描繪出的圖像較呆板。

(四) 刻作

將版面雕刻，刻的筆觸會呼吸，是生命力的表現，所以要思考筆觸的力道與方向性，並考慮使用合適的刀具。

刻完可以照鏡子檢視，映出圖像來做修正。

(五) 上墨

將油墨均勻的滾在版面上，均勻的技巧在於墨要薄、橫向直向多滾幾次。

(六) 定位

這是將紙張對準版面的技巧，使紙張不會歪斜，或是重複印製都能對到同一個位置。方法是預先做好定位板，定位板上規劃好版材的位置並作記號，也規劃好紙張的位置並作記號，依記號先把版面朝上放好，再依記號將紙張朝下與版面對面放好。

(七) 拓印

紙張與版面對好位置，緊密貼在一起，使用馬連以施壓繞圈的方

式，在紙背每個部位來回旋轉，為防止擦破或弄髒紙張，可以在紙背上再鋪上一張紙，以隔開紙張與馬連的直接接觸。

除了使用馬連磨壓，也可以使用壓印機壓印，印製的效果更顯著。

四、工具的使用

「工欲善其事，必先利其器」，有銳利的刀才能隨心所欲的運刀，有完善的工具，才能輕鬆又準確的達成目標。版畫使用的工具大致如下：

(一) 刀具

版畫用雕刻刀一般分為三角刀、圓口刀、斜口刀和平口刀。刀具配合刀法可以形成各種不同的筆觸，善加運用將呈現出內在形象的生命力。

表 5-1 版畫用雕刻刀比較表

刀具名稱	三角刀	圓口刀	斜口刀	平口刀
刀口形狀	呈現「V」字形	呈現「U」字形	刀口為斜一字形	刀口為一字形
用刀的效果	用以雕刻纖細的線條，產生銳利的效果	用以雕刻柔和的曲線，也可以鏟空較大面積的版面。	用以處理線條交錯時銳利的交角，以及線條的邊緣線。	用以切垂直的地方及鏟大面積底子。
刀具使用方法	向前推刻	向前推刻	用手掌握把，向自己身體方向拉刻。	向前推刻
握法圖示				

（二）基本印刷工具

1. 顏料

有水性顏料、油性顏料之分。水性顏料如墨汁、水彩顏料、廣告顏料等，在顏料中調入南寶樹脂或漿糊增加濃稠度。而市面售的中性油墨，屬於乳劑系的顏料，質地細緻、色彩飽和，並且容易清洗。

油性顏料油質不會濡染，色塊的變化明快，印完易乾，調稀時需使用松節油或亞麻仁油，清洗較不方便。

2. 紙張

紙張的選用需配合油墨的性質才能達到效果。水性顏料常使用富吸水性的柔軟薄紙，如中國宣紙、棉紙。印刷前可以將紙張刷上一層水或噴濕後夾於報紙之間，使紙張得到恰到好的濕度。

油性顏料則可選用較厚的普通薄紙，不需濕潤紙張（李延祥，2002）。

3. 滾筒、調墨刀和調墨盤

滾筒是用來滾顏料於版面，使用方法為將顏料刮在調墨盤上（或壓克力板）以滾筒向前推滾數次後，使顏料均勻沾至滾筒上，再移至版面，由下往上推滾以及由右而左橫向推滾至版面均勻鋪上顏料即可。

4. 馬連擦板

使用馬連以施壓繞圈的方式，在紙背每個部位來回旋轉，使紙張均勻吸印出漂亮的墨色。

5. 抹擦包或海棉棒

抹擦包通常以細目的絹布包棉球做成。抹擦包分別沾上不同的色彩在版面上局部鋪上顏料，可以做一版多色的施印。

五、版畫的套色

使用多種色彩印製而成的版畫稱為多色印刷版畫，可以是在一個版上沾上多色印製；也可以一次一個色彩，經過多次疊印（套印）而成。

套色版畫教學的困難不在製版的技術，而是在分色的計畫，可以利

用透明片分色後再重疊的分析法作為套色的前置經驗。

(一) 一版多色

1. 在一個版上沾上多色印製（以凸版印刷為例）

木板、橡膠板、珍珠板等，經過雕刻產生許多凹線，這些凹線區隔了一塊塊的面積，依面積大小的需求選擇合適的海綿塊，沾上顏料在一塊塊面積上鋪上不同的色彩，即可印製出「一個版多種色彩」的多色印刷版畫。

2. 單版套色印刷（以凸版印刷為例）

利用一個版，製作出「一色一個版」的印刷方式。一個版怎麼變成很多個版的秘密就是，刻一部分先印製第一層，再刻一部分印製第二層，再刻一部分印製第三層……，直到達到多色的效果。套印的難度在

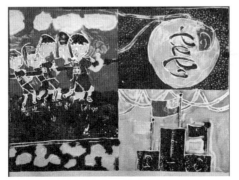

圖5-1　王俞臻作品（五年級）

於每次印製圖案要相當的準確，所以定位的工作不可馬虎。由一個版印製後再刻的缺點是：當作品完成時，以無法回復到第一次印製的版，所以這個版就成為絕版。示範步驟如下：

(1) 以「十二生肖——豬」的製版印刷印製三層為例，作者預計出版12張作品。

(2) 由淺色的黃版著手，以上未刻製的版先印製底色20張（作為印壞的打算）。

(3) 在版上描出圖稿後，著手刻版。

(4) 繼續雕製豬的形體和四周錢幣的形體，將形體外刻掉，刻掉的部分在滾印紅色後能見到黃色的背景，重複滾印20張。

(5) 繼續刻版，刻製豬的形體剩下圖形的線條，滾印藍色後，疊印於前20張紅色版作品上，刻除部分則顯露出前面套印的紅色部分，主圖形輪廓全部明朗化，則完成作品「十二生肖——豬」。

表 5-2 單版套色印刷步驟分析表

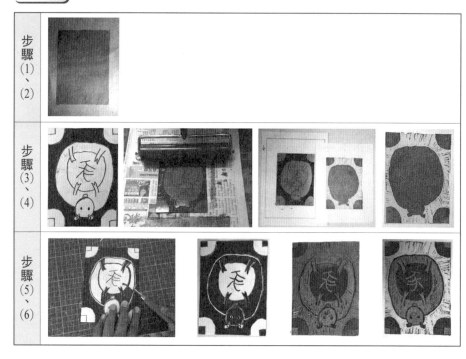

步驟(1)、(2)	
步驟(3)、(4)	
步驟(5)、(6)	

(6)由於重複在單一個版上刻製各色版，一旦失誤，可能前功盡棄，所以分色要清晰，下刀要謹慎。

(二) 多版多色

「一色一個版」，三個色就需要三個版，依色彩層次，由淺至深分次疊印而成。製作三個版疊印的難度是這三個版的圖案形狀及位置都要契合，所以由主版分身為多個版的技巧很重要，將主版圖案分色後，利用轉寫的方式將不同顏色的圖案複寫在不同的版上，再進行雕版動作，製成主版及各分色版。

兒童版畫教學示例

一、實物蓋印版畫

主題一	漂亮的服裝
適合年級	幼稚園及國小低年級
種類	蓋印版畫
教學目標	體驗蓋印的美感
材料準備	適合蓋印的小個物（如：文具、銅幣、鑰匙、瓶蓋……等）、水彩或廣告顏料、紙張
教學過程	1.在紙上畫出美麗的公主，服裝上不加任何裝飾。 2.引導兒童欣賞這些小個物的型態和紋理。 3.指導調出濃度適度的水彩或油墨。 4.以小個物沾上水彩或油墨，壓印在紙上裝飾服裝。

主題二	美麗的花盆
適合年級	國小低年級
教學目標	體驗雕刻的技法與蓋印的快感
種類	雕切蓋印
材料準備	蘿蔔或地瓜、雕刻刀、油墨、花盆、水泥漆、壓克力顏料
教學過程	1.先將花盆漆上水泥漆作為底色（底色可以雙色、三色）。 2.在蘿蔔或地瓜的剖片雕出自己喜愛的花紋。 3.想一想怎樣安排圖案和色彩，可以先在紙上做試驗。 4.雕好的蘿蔔或地瓜沾上顏料，在花盆上印上漂亮的圖案。

主題三	皮皺皺的大象
適合年級	國小低年級
教學目標	體驗拓印紋路之美
種類	墊磨擦畫
材料準備	影印紙、色鉛筆、膠水、粉彩紙、卡點西德
教學過程	1.在草蓆上以色鉛筆擦印出細密的紋路，感受紋路的美感。 2.將紋路的紙張剪裁後，重新組成大象的造形，黏貼在粉彩紙上。 3.提供卡點西德材料剪裁造形，表現主題大象相關的內容，豐富畫面。

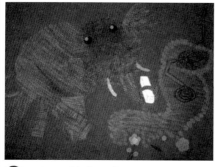
圖5-2-1 陳奕亘作品（二年級）

圖5-2-2 陳仕閔作品（一年級）

二、漿糊版畫

主題一	侏儸紀公園的大恐龍
適合年級	低年級
種類	漿糊版畫
教學目標	從觸覺中體驗造形、刮畫與印製的快感
材料準備	紙張、漿糊、廣告原料、膠膜、竹筷子
教學過程	1. 漿糊加入廣告顏料調製各色的漿糊膏。 2. 在膠膜上面塗抹各色的漿糊膏造出各種恐龍形體。 3. 用手指或竹筷子等刮出恐龍身上的紋路。 4. 以紙張覆蓋在漿糊造形上，印製出恐龍圖案。 5. 可以再繼續加上侏儸紀公園圖案，豐富畫面。

三、浮墨染畫

主題一	魚兒水中游
適合年級	低年級至中年級
種類	浮墨染畫
教學目標	印製自動性的浮墨，產生意想不到的驚奇
材料準備	墨汁、宣紙、方形大淺盆、蠟筆
教學過程	1. 墨汁內含有些許油，滴至水裡，含油的墨會浮在水面上，經過輕輕攪動或吹拂，產生紋理。 2. 用宣紙輕蓋水面即可印出流動線條的浮墨畫。 3. 待宣紙晾乾後，在其上依據流動的畫面，經營水裡生物的布局。

四、珍珠板版畫

主題一	自由發揮
適合年級	低、中、高年級
種類	珍珠板版畫——直刻法
教學目標	運用輕便的材料製作刻畫的版印活動
材料準備	珍珠板、油性簽字筆或鐵釘鑽子、中性油墨、滾筒、馬連、壓克力板
教學過程	1. 用簽字筆、鐵釘⋯⋯等在珍珠板上刮畫出圖形的線條。 2. 珍珠板的質地柔軟，容易刮畫，可以刮出柔軟的線，也可以戳打成點。 3. 用滾筒均勻滾上「中性油墨」，或用海綿棒沾上「中性油墨」，再用馬連擦壓而成。
教學延伸	珍珠板可以切割開來，滾上不同色彩後拼裝回去，再擦壓印製。

圖5-3-1 步驟一

圖5-3-2 步驟二

圖5-3-3 作品完成（林恆立作品，五年級）

圖5-3-4　陳威翰作品（五年級）

圖5-3-5　石鎮維作品（六年級）

五、紙板凸版畫

主題一	運動中的人物
適合年級	低、中、高年級
種類	紙板凸版畫（無台版）
教學目標	運用容易取材的材料，體驗有層次的凸版版畫
材料準備	西卡紙、剪刀、白膠、洋干漆、油墨、滾筒、馬連、壓克力板
教學過程	1. 紙材可以剪裁、撕裂、重疊，是方便的材料。 2. 掌握圖形的全體，分析構成全體的部分要素。 3. 將人形分成頭、頸、身體、上手臂、下手臂以及手掌、大腿、小腿、腳掌。 4. 分別剪下後再依動作特徵組合黏接。 5. 在圖形內進行剪貼裝飾（除了紙板，可以混貼布、線、樹葉⋯⋯等），豐富內容。 6. 組裝後的人形刷上洋干漆，形成保護膜，使紙板更加堅固。 7. 滾上油墨後擺放好位置，再將已經彩繪上背景的圖畫紙覆蓋其上，擦壓印製而成。

圖5-4　戴茗葦作品（一年級）

六、紙板凹版畫

主題一	自由發揮
適合年級	高年級
種類	紙板凹版畫
教學目標	運用非常方便的紙材，製作凹陷填墨的凹版印刷
教學說明	1. 在紙板上做出凹陷的線條和面，油墨是填入凹陷處，凸出的部分經過擦拭則產生白的面，紙張是吸取凹陷處的油墨，是為凹版概念。 2. 撕紙可以有厚薄，可以表現色調的濃淡，所以利用厚薄可以表現「重疊法構圖」的前後層次感。 3. 可以用砂紙磨出效果。
材料準備	鉛筆（或簽字筆）、雕刻針、雕刻刀（或美工刀）、滑面硬紙板、棉布團、破布、油墨、印刷機
教學過程	1. 使用軟心鉛筆或簽字筆畫出草圖。 2. 畫好草圖用雕刻針刻畫出線條。 3. 用角雕刻刀切割並撕剝欲剔除的面（通常是背景的部分）。 4. 用棉布團把墨刷入凹版上。 5. 用破布拭去表面的墨水。 6. 用噴霧器濕潤紙張，夾入報紙待印。 7. 將濕潤的紙張覆蓋在已滾上油墨的凹版上，用印刷機印刷。
延伸發展	1. 同樣上面 1-3 步驟，做好有雕線凹面的版，滾上油墨擦印，就可以做出紙板凸版印刷。 2. 一張作品可以先用淺色油墨施作凸版印刷，再用深色油墨施作凹版印刷，可以產生更多的色彩層次和變化。

七、石膏板版畫

主題一	貓頭鷹
適合年級	中、高年級
種類	石膏板版畫
教學目標	結合凸版及平版印刷，呈現鮮明的造形與色彩變化的層次

教學說明	1.蠟筆脫離石膏板藉由油墨黏到紙板上是利用平版印刷的概念。 2.石膏板先做雕刻，滾上油墨印製，是利用凸版印刷的概念。 3.石膏板先薄薄刷上一層稀釋的紅墨水，雕刻較容易看出圖案。
材料準備	石膏板、雕刻刀、蠟筆、油性油墨、方形大淺水盆、圖畫紙、馬連
教學過程	1.石膏板十分柔軟，用來雕刻引起學生很大的興趣。 2.先造形：用雕刻刀將畫在石膏板的草圖刻出線條。 3.再塗色：用蠟筆以鮮明的色彩著色。 4.滾油墨：在版上「輕輕的」滾上黑色油性油墨，直到蓋住蠟筆顏色為止。 5.泡水：滾上油墨後立即把石膏板整塊進入水盆中，等到氣泡都停止浮出時才可以撈取出來。 6.擦印：稍等版面上的水珠乾掉後，再蓋上圖畫紙，用擦板擦印而成。
延伸發展	1.運用石膏板單純的平版製作，不用做雕刻，用蠟筆塗色後直接滾油墨、泡水擦印完成。 2.石膏板可以自己製作：利用臉盆將石膏粉與滑石粉均勻摻拌，通常滑石粉為石膏粉的四分之一；然後加入適量的水慢慢攪拌，若有氣泡產生則將之除去。再倒入 1-2 公分高紙圍成框子的玻璃板或壓克力板，然後再用一塊玻璃板覆蓋其上，用力自上斗轉壓平，待乾後小心把上下兩片玻璃扳開即可（廖修平，1974）。

圖5-5 石鎮維作品（六年級）

八、木板版畫及橡膠版畫

主題一	十二生肖
適合年級	高年級
教學目標	透過雕刻產生高低的面，滾上油墨印製出凸版作品
教學說明	1.橡膠板比木板柔軟好刻，使作品色面平滑無紋，刀痕俐落尖銳有力。 2.木刻已有悠久的歷史，木紋的紋理有其美感，再加上雕刻的技法可以產生更多變化的線條及面積，為藝術家所樂用。 3.套色問題的色彩分析及色彩計畫，可以用透明片先做試驗。 4.木版、橡膠板雕刻的問題，有陽刻與陰刻的分別。（參考版畫的特徵——版畫的陰陽表現）
材料準備	雕刻刀（平口刀、三角刀、圓口刀、斜口刀）、木板或橡膠板、油墨、滾筒、壓克力板（滾油墨用）、馬連
教學過程（示例請參考版畫的套色）	1.先思考套色的問題，決定要套幾個色，做好色彩分析及色彩計畫。 2.繪稿，用鉛筆繪稿，反面複寫（因版與作品會左右相反）到橡膠板（木板）上。 3.印製的紙張先噴濕後，夾入報紙待用。 4.製作定位板。 5.用板子先印底色。（紙張背後作定位方位記號） 6.洗淨版子後，再刻第一層圖案，滾上淺色油墨用馬連擦壓印製。（注意套色定位） 7.洗淨版子後，再刻第二層圖案，滾上較深色油墨用馬連擦壓印製。（注意套色定位） 8.如此再刻再印……，最後印製最暗的色調。
延伸發展	木板和橡膠板可以延伸作單版多種色的套色，也可以做多個版套色的多版印刷。

圖5-6　十二生肖圖──同學分享合作完成作品

圖5-7-1　十二生肖圖──鼠
（林恆立作品）

圖5-7-2　十二生肖圖──牛
（王俞臻作品）

圖5-7-3　十二生肖圖──虎
（呂昕作品）

圖5-7-4　十二生肖圖──兔
（戴芳妤作品）

🔖5-7-5　十二生肖圖──龍
　　　　（陳威翰作品）

🔖5-7-6　十二生肖圖──蛇
　　　　（陳聖喻作品）

🔖5-7-7　十二生肖圖──馬
　　　　（石鎮維作品）

🔖5-7-8　十二生肖圖──羊
　　　　（吳錚作品）

🔖5-7-9　十二生肖圖──猴
　　　　（陳宜鴻作品）

🔖5-7-10　十二生肖圖──
　　　　雞（沈翠蓮作品）

（圖）5-7-11　十二生肖圖——
　　　　　　狗（戴依萱作品）

（圖）5-7-12　十二生肖圖——
　　　　　　豬（吳錚作品）

九、壓克力板版畫

主題一	自由發揮
適合年級	高年級
種類	壓克力板凹版畫
教學目標	製作凹陷填墨的凹版印刷
教學說明	1.製作方式與紙板凹版作法相同。 2.要將油墨從壓克力的凹線擠出是需要很大的壓力，印刷機可以印出很好的效果。
材料準備	賽璐珞墊、塑膠板、壓克力板、油墨、棉布團、破布、印刷機
教學過程	1.在紙上畫草稿。 2.製作翻轉後的草圖。 3.透明壓克力在翻印後草稿上直接刻線。 4.用雕刻針在塑膠板上刻線。 5.用棉布團把墨刷入凹版上。 6.用破布拭去表面的墨水。 7.用噴霧器濕潤紙張，夾入報紙待印。 8.將濕潤的紙張覆蓋在已滾上油墨的凹版上，用印刷機印刷。

十、紙板孔版畫

主題一	自由發揮
適合年級	高年級
種類	紙板孔版畫
教學目標	體驗「透過式」的孔版印刷
教學說明	1.先做紙雕鏤刻，透過孔洞，使油墨可以透印到紙上。 2.「透過式」的孔版印刷，因為紙張與版材圖像是同樣朝上，所以作品是正面性圖紋，不需要做草稿翻轉的動作。 3.紙雕的製作其難度在於線條與線條的連接，彼此連接才不會掉落。
材料準備	紙板、紙雕刻刀、切割墊、海棉棒或棉布團或滾筒、壓克力板（滾油墨用）、顏料
教學過程	1.先將紙刷上一層紅墨水，待乾。 2.直接在厚紙板上畫草圖。 3.用刀刻除要鏤空的部位。 4.用滾筒或棉布團沾印顏料，透過孔洞將顏料印至形版下面的圖畫紙。
延伸發展	1.鏤刻紙雕也可以放在絹網下面，顏料放置絹網上，用橡皮刮刀將顏料刮擠至絹網和紙雕下面的紙張，即可做出一張色彩鮮豔的作品。 2.絹網下面的紙張改成T恤、顏料改用壓克力顏料，就可以做一件漂亮的T恤圖案。

5-8-1

圖5-8-2

圖5-8-3　圖5-8-4

參考文獻

行政院文化建設委員會（1986）。中華民國傳統版畫藝術。台北：行政院文化建設委員會。

李延祥（2002）。版畫。台北：三民書局股份有限公司。

呂燕卿（1993）。兒童版畫教材教法。新竹：國立新竹師範學院美勞教育資源中心。

陳其茂（1992）。木刻版畫。台中：台灣省立美術館。

張家瑀（2001）。版畫創作藝術。台北：國立台灣藝術教育館。

郭榮瑞（1989）。創意的版畫世界──版畫教學指導。台北：親親文化事業有限公司。

華夏經緯（2009，8月7日）。安平厭勝物。資料引自：http://big5.huaxia.com/tw/zbtw/TaiWanShiChuang/ShiXian/TaiNan/MinSuCaiFeng/GBK/53885.html

廖修平（1974）。版畫藝術。台北：雄獅圖書股份有限公司。

第 **6** 章

藝術鑑賞教學與實作

曾仰賢

藝術與人文領域課程中實施藝術欣賞與鑑賞教學，是實踐目標主軸的「審美與理解」，是期望每位學生能透過審美及文化活動，體認各種藝術價值、風格及其文化脈絡，珍視藝術文物與作品，並熱忱參與多元文化的藝術活動。透過藝術教育落實應從欣賞教育著手，提供學生機會探索生活環境中的人事與景物；觀賞與談論環境中各類藝術品、器物及自然景物；運用感官、知覺和情感的探索，學習辨識藝術的特質，建構意義；訪問藝術工作者；了解時代變遷、文化與社會脈動、美感認知在生活與藝術的關係；同時提供學生親身參與探究各類藝術的表現技巧，依據個人經驗及想像，發展創作靈感，再加以推敲和練習，學習創作發表，豐富生活與心靈。

　　藝術鑑賞教學的實施是實踐藝術教學生活化、美感化與文化認同的最佳課程，如何透過藝術鑑賞教學增進學生對於自己的文化情感是很重要的。過去對於藝術鑑賞教學內容與教材，多半是以西方的美學或史學觀進行編選與教學實施，如何調整課程與教材編選的範疇，同時也可以增進對自己國家文化藝術的了解，可從台灣這塊土地上 300 年來所建立的文化情感著手，發酵這份情感的藝術教材包括了：明清時期、日據時期、國民政府時期、戒嚴後時期等，可以看到藝術鑑賞的內容有：殖民時期的西化影響的脈絡、政治改朝換代的國民政府權力結構時期中國的藝術風潮、有個人獨特藝術風格變化的當代藝術，產生批判政治、關懷社會等型態的不同藝術形式。藝術的鑑賞教學取材有著如此豐富的內涵，對於發展教學的策略、課程設計也會因應教材的差異調整。

壹　藝術鑑賞與欣賞理論探述

一、美感認知發展

　　關於如何探究藝術鑑賞與欣賞教學，美國劍橋大學教育學者帕森斯（Michael J. Parsons）綜合「哲學」、「認知學習發展」、「道德認知發

展」等理論建構的「美感發展階段模式」指出，人類的欣賞藝術的美感
經驗是依下列五個階段循序發展：

(一) 主觀的喜愛

人們基於對個人喜愛的偏好，無法表達出一個合理的理由，而最好
的說法就是個人的喜愛。個人喜愛受到個人的經驗、背景、知識或是環
境等因素的影響，這些都是促成個人在藝術鑑賞或欣賞時的美感經驗，
所表達出主觀性的喜愛態度、喜愛作品的藝術創作類型或是藝術表現題
材。

(二) 優美與寫實的概念

作品的構成形式，表現出一種優美的律動，或是畫面的題材讓人從
作品描繪表達的美麗造型，體會到真實的形體與寫實的情境。這些非常
基礎的美感認知概念能夠浮現在每一位觀賞者身上，形成對藝術作品賞
析最初的感受。

(三) 情感的表現

情感的表現來自於藝術家在藝術創作時的流露，這份流露的外在形
式構成了藝術品的樣貌，每一個藝術家都有個人熟悉、喜愛或是刻意表
現的藝術類別、媒材，情感是傳遞藝術家心靈的訊息，同時也喚起觀賞
者探討作品內涵的情感交融。藝術鑑賞教學，就是要讓學生能夠深入延
伸學習，從藝術作品的題材上可能隱含或寓意的情感、意義。藝術鑑賞
教學時，教師對於藝術家情感的表現，可藉由作品的圖像演示、模擬的
教學策略，或是以作品的背景意涵、故事作為引導學生體會作品內容所
代表的意義。

(四) 風格與文化

此發展階段是經過一段藝術欣賞與鑑賞的長期學習經驗累積，也
是個人對於藝術專業的認知。藝術的發展史在東西方皆有其本身的文化
特性，其藝術表現媒材、題材或是作品呈現的風格流派，在過去自當有

其各自的文化背景差異。但以 20 世紀以後,一個地球村的時代來臨,藝術的風格與文化已經是交融而不容易分割。藝術家所表現的藝術生命力,各自有其背後的文化背景,觀賞者也因其個人的經驗與文化背景,彼此間自然交會,對作品的賞析也自然有著不同的觀點呈現,因而藝術鑑賞觀賞者的文化背景受到重視。因此,教師在藝術鑑賞教學的課程規劃中,應該多給予學生機會探討比較藝術家的風格流派形成,與我國的藝術形式、藝術家所表現的意識,以比照的教學方法,讓學生透過小組報告的資料蒐集與分享,增進學生對藝術的理解。

(五) 自主性的判斷

藝術鑑賞的教學,最後對於藝術作品的形式與內容,觀賞者經歷前述的歷程之後,個人必須能夠表達出自主性的批判與詮釋。作品的內涵與意義已經不再是藝術家的意念傳遞,而觀賞者在個人的文化背景、經驗、藝術專業等各項條件因素下,對於藝術作品的理解分析,自然有其個人獨特性的理解脈絡。這些對應關係是尊重學生在藝術鑑賞學習的歷程上,應該培養獨立思考批判,與尋找資料輔助自己對於藝術鑑賞時的作品詮釋的論述。鑑賞教學的規劃自當不可疏忽學生在嘗試透過自己的眼睛、知識、經驗,進行作品的賞析描述與詮釋作品意涵的口頭或文字的表達。

二、藝術欣賞的態度與方法

而對於學生在藝術鑑賞及藝術欣賞的態度養成、藝術欣賞者的類型與特質、藝術欣賞的方法、藝術欣賞的美感原則,以及藝術欣賞與觀者的關係等方面,藝術鑑賞教學必須先加以了解,在課程規劃與內容上方能兼顧學生在藝術欣賞與鑑賞時的學習表現。

(一) 藝術欣賞的態度

我們對於藝術欣賞所抱持的態度與藝術家創作的作品產生美感經驗的共鳴,是藝術欣賞者的態度與藝術作品的關係,在美學史上研究欣賞

與態度一直受重視。學生在藝術鑑賞的學習歷程上,培養其欣賞態度是非常重要的。作品的形相感受通常是觀賞者的第一次「驚豔」,態度的養成與美感經驗的累積是不容忽略的。探討「美」似乎是沒有絕對定論的定義,透過更開放與寬廣的延伸,在這個後現代主義思潮下,教學者應該接納與包容學習者對於藝術欣賞的態度。

　　教師在教學過程中,包容與接納學生對於藝術欣賞時不同的觀點、美感形式的多元與開放,自然能夠讓學生在欣賞態度養成中,勇於陳述自我經驗,也能夠在教師引導下,蒐集資料補充自我知識不足的缺失,讓教學現場的藝術賞析活動,透過口頭對話的教學策略,彼此能夠激發更多探討藝術的面向。

(二) 藝術欣賞者的特質與類型

　　對於學生的藝術欣賞特質上,大致可以區分為:無功利性、直覺性、創造性、超越性、愉悅性、故事性、意義性、時代性、文化族群性等。故學習者無法立即明辨個人的因素與需求,教師在進行課程規劃設計時,必須思考課程目標的方向與意涵,讓藝術鑑賞教學能夠十分明確的建立課程的教學計畫。更可以考量教學對象的經驗及文化背景差異等因素,作為教師教學課程規劃與實施時的評估。

　　藝術作品所呈現的外在形式與內在意涵,在藝術欣賞的類型可區分:美感、醜感、崇高感、荒誕感、悲劇感、喜劇感、批判感、挑釁感、關懷感、無意識感、恐懼感、抗議感等。而藝術的風格、內容表現,隨著時代社會環境的變遷、人類科技物質文明的進步、地球的景象、社會的價值觀、風俗民情及人民的自我意志等,而彰顯出不一樣的世代。藝術家的作品所呈現的表達類型是大放異彩、無法確切歸類的;教學的教材內容選擇,也必須以學習者為主要的考量。教師在藝術鑑賞課程編選時,遴選的作品題材、作品的圖像、作品的社會意義與價值、自我文化的認同等,都必須是在進行課程內容分析的前提下,篩選合適類型作品作為教材內容。

第6章 藝術鑑賞教學與實作

(三) 藝術欣賞的方法

中國南齊時期的謝赫六法論，讓我們對於認識藝術繪畫表現的極致有所歸納：

1. 氣韻生動

「氣韻」，是指藝術作品中的神氣與韻味；「生動」則是說作品的形式不死板呆滯。換言之，氣韻生動便是說明一幅畫必須要有神氣、有韻味、有生趣、有活力，充滿活潑盎然的生機，方能動人，是自古以來品鑑中國繪畫的最高指引方針。

2. 骨法用筆

「骨法用筆」是指中國繪畫中運筆用墨的基本方法，也是中國繪畫與其他繪畫種類最大的不同點。中國繪畫特別著重線條之美，由於毛筆所具有的中鋒、偏鋒、筆根、筆肚等部分，均可靈活運用，故能呈現剛柔急緩等不同的筆法情趣。而墨色的濃淡正可用之於區分對象的陰陽向背、深淺遠近等，因此，一張作品是否成功，筆墨功夫至為重要。

3. 應物象形

「應物象形」，是指描繪自然界人事物的寫實功力。而「象物必在於形似，形似須全其骨氣 …… 」，因此，若欲能應物象形，則筆墨的表現在於透過線條轉折、物體描繪與真實性。

4. 隨類賦彩

「隨類賦彩」，就是指依照所描繪自然界人事物的顏色，來施以色彩。至於色彩則包含墨色及彩色兩種，有時是以墨色來表現物象，有時則以或濃麗或淡雅的彩色來設色。墨分五彩，如何拿捏將形體透過墨韻的暈染、重疊、交錯等表現方式，讓墨與彩表現的關係，真實呈現一種賞心悅目的感受。

5. 經營位置

「經營位置」，就是指創作者取景構圖，安排布局的功夫。一幅作品是否吸引人，其布局的經營是否得當，相當重要。同時，中國繪畫中常見的題跋或款印等位置，也在考量之列。作品的構圖或構成有時會隱含其意義，或是表現時代背景的意象。諸如：馬遠、夏圭的作品就在構

圖上表現出對南宋偏安的格局有憂國憂民之感。

6. 傳移摹寫

「傳移摹寫」是六法中的最末一項，就是指臨摹仿擬的意思，也是欲學習中國繪畫者入門時的初步階段。由於國畫中有各式筆法，如皴法、描法等或墨色的積染技巧，均需經過臨摹練習的功夫逐步入手。

藝術鑑賞中國繪畫教學時，從氣韻生動至傳移摹寫，而從傳移摹寫反溯至氣韻生動，常為創作繪畫時的順序。而當一個觀賞者乍見一幅中國繪畫作品時，先為其生動的意境所吸引，再去欣賞其作品中用筆用墨的技巧，再逐漸去欣賞其用筆用墨的墨韻生動，圖像設色表現、布局構想的隱含性，並探究創作者的心靈感受。教師在藝術鑑賞的課程上，以中國繪畫的表現賞析，自當可以參酌上述謝赫六法論述的關係，擇其一、二作為賞析的準則，也讓學生透過彼此間的討論，促進對中國繪畫欣賞的認識與理解。

除此之外，以觀者的詮釋作為欣賞方法的教學，是當前思潮引領的一個方向，前述對於觀賞者的經驗、背景、文化差異等關係，都將影響欣賞方法的詮釋。因此，教師的藝術鑑賞教學反倒是應該給予學生更多思考批判的空間，自主性的表達藝術欣賞的見解。

欣賞的角度與陳述的觀點，也許都有著各自不同的脈絡，有些會從社會學的觀點進行作品賞析的探討，有些會從圖像學的觀點觀看作品中的象徵意涵、意義。教師在藝術鑑賞課程的設計上，對於鑑賞的詮釋與內涵的探討時，也必須考量上述面向可能都有其欣賞的方法與應用，學生便可以在這些觀點引領下，有著更多元與豐富的藝術欣賞學習。

(四) 藝術鑑賞美感原則

帕森斯（Parsons）在《美術鑑賞的原理》一書中，提出四項美感原則，即設計（design）、圖樣（pattern）、類型（type）、情感（emotion），進而提醒鑑賞者注意的方向；前三者又統稱為「形式」（form）。說明如下（郭楨祥，2000）：

1. 設計

此原則乃為避免美感的疲乏和單調，創作者常以對比（contrast）、層次（gradation）、主題與變化（theme and variation）、抑制（restraint）四種方式加以變化，因每一種方式之設計原則而產生不同效果。此四種原則並非相互排斥，全賴美術家之靈活運用，結合表現效果。

2. 圖樣

此美感原則乃植基於人類注意力的結構類型和情感抑制的了解，企圖透過畫面表現，使鑑賞者產生統一的感覺。

3. 類型

此美感原則乃由聯想和制約（conditioning）而起，可定義為「可整體認識的聯想體系」。此種聯想體系的特性，構成個人的理念或概念，而組成一種類型。當個人思想及理念所構成的特性，或面對概念中的實物及繪畫時，這種聯想與制約原則，即將其與個人心靈相互聯繫。因此，類型在美術中的功能有二：一則作為產生統一與規則的方法；二則透過個人的再識能力，作為樂趣的直接來源。

4. 情感

在藝術作品中，有四種方式能激發鑑賞者的情感：第一種方式即直接的感官刺激，而產生瞬間的感情效應；第二種方式即以代表情感意義的象徵符號或類型，來激發鑑賞者的情感；第三種方式是誘發鑑賞者內在情感的行為再現；第四種方式是由藝術家感情表現的事實而引起的情感效應。

透過上述的鑑賞原則，提供教師了解藝術家在創作藝術作品之際，仍會有其可略見的構思與表現的意念，讓教師在藝術鑑賞教學時能有可以依循的原則與內容。其中藝術鑑賞的類型，已經有著更寬廣的詮釋與表現，隨著整個世界的變化，不容易有一個比較精準的原則論述。

(五) 藝術欣賞與觀賞者的關係

藝術欣賞是一個作品與觀賞者之間的雙向互動過程。藝術作品的創作一般都會起到一定的社會作用，而人們觀賞藝術作品時也會產生一種精神活動，這種精神活動一方面是作品本身塑造的藝術形象，把觀賞

者帶到一個特定的具體的藝術境界，激發起這樣或那樣的思想、感情波濤；另一方面，觀賞者又會根據自己的思想感情和生活經驗，來理解或解釋作品中的形象，甚至會以自己的經驗與認識去豐富和補充作品裡的藝術形象的內涵，這樣就形成了藝術欣賞的普遍性特徵與藝術欣賞的個性特徵。

　　藝術欣賞是人類精神生活的重要內容，也是人類自身主體力量在審美活動中的自我肯定與自我實現。藝術欣賞不僅在潛移默化中提高人的素質，而且也豐富著人們的情感世界。通過對中外藝術理論發展進程的分析，確立正確的藝術欣賞理念，以期引發對藝術欣賞更全面的深層思考。藝術欣賞者的修養有高下之分，背景有「文化圈」的差異，由此，藝術欣賞有不同的審美層次，欣賞藝術必須了解藝術和認識藝術，包括產生藝術的條件和文化背景。

　　創作與鑑賞乃藝術教學課程之兩面，創作者在創作過程中同時也是鑑賞者，而鑑賞者在鑑賞美術品時，往往也經歷了美術家創作時之心路歷程，但創作與鑑賞歷程之順序不同，速度也不同（虞君質，1999）。鑑賞教學時，常配合教學課程主題或大單元規劃設計，學習了解創作者與鑑賞者之心路歷程。真正的美感經驗乃是產生於個人與藝術品間的交互作用，而鑑賞的正確態度乃是享受美感的根源。

三、藝術鑑賞教學的認知

　　學者廉辛（K. M. Lansing）認為教育的目標和藝術的獨特性結合在藝術鑑賞教學上，應考量的因素如下：

　　1.生活的知識。

　　2.構圖上的知識。

　　3.創作過程上的知識。

　　4.藝術史上的知識。

　　5.美學的知識。

　　廉辛的觀點比較偏向在藝術專業的內容方面，對於藝術鑑賞教學應該要實施的要點。中小學的藝術鑑賞教學，並非全然不提上述的教學

內涵，而是在課程內容比重上，似乎無須以專業藝術的課程實施在一般藝術教育的課程中。藝術的專業性有其發展的脈絡與知識的結構面，但我們的藝術鑑賞教學仍有許多值得探究的人文面向與生活經驗感知的內容，可以規劃在課程上。透過構圖的知識可以延伸對於畫面的知覺感受，透過簡單藝術史陳述，可以更深入了解作品所代表的時代意義與價值，更是我們在藝術鑑賞時必須讓學生體驗與理解的。

四、帕森斯藝術美感認知的五個歷程

對於學生在藝術美感認知發展的五個階段理解，是協助教師在藝術鑑賞課程規劃時，可以循序漸進的將教材的內容適時、適當的編選，讓藝術鑑賞的課程不是透過一個教學單元的設計，而是透過整體評估的規劃分析。學習者的學習內容階序，以帕森斯的分析認為：階段一：偏愛；階段二：形式與分析；階段三：表現性；階段四：風格與形式；階段五：獨特性。

基於上述的各階段分析，教師在編選藝術鑑賞教材內容上，可以參酌選擇與其各階段相關的藝術作品，而這些作品也應從國內藝術家的作品開始考量，進而編選全人類文化的藝術經典作品。

五、費德曼藝術鑑賞的四個批評程序

費德曼（E. Feldman）在透過《藝術教化人》與《視覺經驗的變化》一書提出藝術鑑賞：描述、分析、詮釋、判斷。這四個教學與學習程序可運用在藝術鑑賞教學上，教師在課程設計的規劃時，編選適合教學主題的藝術鑑賞教材內容，不論是選件的作品或是藝術家的作品風格探討，都可以在實施藝術鑑賞教學步驟時，融入教學者或是學習者對藝術作品的「描述」，進而分析作品的題材、內容、形式、風格與時代背景意義以及作品的人文價值意涵。

其創意教學策略運用在藝術鑑賞教學的四個歷程上，更是相得益彰。例如：教師運用批判對話教學方法，讓學生能夠暢所欲言的表達出

他個人對於藝術作品的描述與分析，因為學生對於作品的題材與形式直觀是最直接的印象，透過學生個人的經驗、學習環境與知識背景，對於作品的詮釋與作品的批判，自然有其個人的觀點。

　　教師在編寫教材也可以透過上述的歷程，編選適合學生學習的藝術作品或藝術家，以學習單的方式最適合立即運用在教學場域。例如以「賞心悅耳藝術日」為主題，選擇藝術家以兒童為主題的作品，進行教材內容規劃設計（見附錄），教師將規劃設計的主題納入學校本位課程中實施，讓學生能夠透過具體的教材分階段實施，並可以透過購置的複製畫或是教師編製教學媒體，在課堂上進行批判式對話的教學策略，引導學生學習如何將個人觀看作品的形式、內容或是題材，以個人美感經驗或直覺表達描述。

六、藝術鑑賞的論述

　　不論哪一位學者所提出的藝術鑑賞的論述，實踐藝術教學基本上是從藝術作品中的內涵及形式兩大層面談起，從溝通的角度來看，可分為三個領域的面向：

1. 感覺與技能領域：是指形式與題材訊息，如材料與技法、色彩、造形、構圖、題材等。
2. 感情領域：是指感情訊息，如作者之感情、意念、想像之表現。
3. 認知領域：是指概念與思想訊息，如社會觀、人生觀、世界觀、藝術觀的領悟與表現。

貳　藝術鑑賞教學

一、課程設計

　　編寫課程設計，應先就其藝術鑑賞教學的課程內涵加以分析，再透過教學媒體與教學策略的運用，編選適合兒童身心發展階段與學習經驗

的藝術鑑賞教材內容。

　　課程主題或教學單元的內涵，可以從藝術史或美學的觀點進行內涵的分析規劃設計，也可以從在地文化藝術的觀點，或是從議題面向，如：性別議題、環境議題、生涯發展議題、家政教育、人權教育、資訊教育、海洋教育等七大議題作為藝術鑑賞課程主題意涵的分析規劃。或是當前社會所關注的事件，尤其是藝術事件。這幾年來台灣對於推展當代藝術、版畫等雙年展活動不遺餘力，或是邀請國際藝術展覽，包括幾年前的畢卡索（Pablo Ruiz Picasso, 1881-1973）、米羅（Joan Miró, 1893-1983），以及最近的米勒（Jean-François Millet, 1814-1875）、梵谷（Vincent Willem van Gogh, 1853-1890）與未來主義（Futurism）等畫家或各個時期畫派風格的藝術家作品到台灣展覽，這些都是教師與學生共同關注社會藝術事件的最好藝術鑑賞課程規劃之主題。

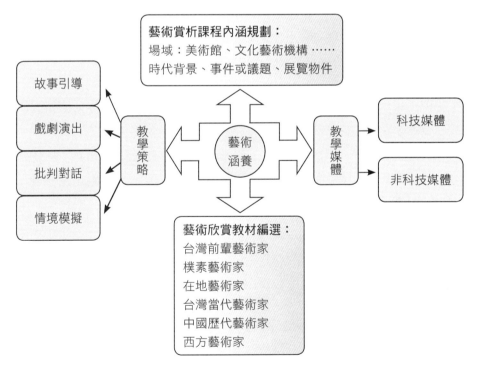

圖6-1　藝術鑑賞教學課程內容設計分析

二、教學方法

(一) 批判思考教學法

國內學者溫明麗提出：「批判思考是一位具自主性自律者，其心靈所從事的辯證性活動。此辯證活動包括質疑、反省、解放與重建的心靈運作，此心靈活動的主要目的，旨在使人類生活更具合理性。」（1998, 94）她進一步解釋批判思考的內涵：

1. 「自主性自律」：自由和自我角色之合理運作，包含自我理解、自我反省與自我實現三種功能。
2. 「辯證」具有質疑、反省、解放與重建的功能。
3. 「合理性的美好生活」：自主性自律與和諧。此處的「合理性」指的是感性與理性並重，兼顧自主性與和諧性，建構美好生活。

學者王秀雄（1986）論及藝術教育的功能，其中幾項為：透過藝術的作用，把兒童培育成真正有人性的人；藉欣賞美術來豐潤吾人的精神生活領域，以達成完美健全之人格；利用美術的和諧性促進社會的和諧發展等，皆與批判思考之目的「使人類生活更具合理性」相契合。綜合以上分析，溫明麗所提出的批判思考意涵已相當完善，進一步言之，「辯證活動」尤其是藝術鑑賞時所必須經歷的，兩者關係甚密。

溫明麗（1997）也針對批判思考的教學歸納整理為如下數點通則：

1. 因材施教。
2. 民主方式與氣氛。
3. 問難與省思。
4. 提供反思的機會。
5. 提供學生自由的想像空間。
6. 討論亦是批判思考的好方法。

不論批判思考教學法的原則與其在藝術鑑賞教學的意義如何，都有賴於教師實施教學或規劃編選教材時，能夠掌握住學生在藝術鑑賞與欣賞時應給予的民主與自由的討論機會，同時教師也能夠將學生討論的重點歸納分析，引導學生繼續思考批判，針對藝術作品或是藝術家進行討

論。教師應於事前提供討論議題與作品圖片,以及設計單元學習教材,如學習單或是取得藝術教學資源,讓學生透過個人或是小組方式進行分組研討、蒐集資料,增進學生批判思考時的內容。

(二) 創造性戲劇表演教學方法

創造性戲劇表演教學法的運用精彩生動,讓學生能夠表達個人自主性觀點的藝術賞析詮釋,學生在參與表演或觀賞的歷程中,更能深刻體會藝術作品或是一個藝術家的創作歷程。也許是令人感動與鼻酸的一生,例如梵谷;也許作品表達了悲天憫人的關懷,如哥雅(Francisco de Goya, 1746-1828)的「5月3日」;或是畢卡索的「格爾尼卡」,這件作品表達了藝術家反戰與對國家民族愛的一份真情。透過創造性戲劇表演教學法,都能夠更生動引入對作品賞析的理解、批判。

但創造性戲劇表演教學方法也非全然都能適用於每一個藝術家或藝術作品,部分作品的風格形式或是藝術家表現的媒材、形式或是題材,並不適用於創造性戲劇表演教學法時,教師就應該改變教學方法,讓藝術鑑賞教學能夠因「材」施教,其意義在於編選的藝術鑑賞教材能夠考量學習者的美感經驗與學習模式,是否能夠在創造性戲劇的學習上自在開放的參與或展演肢體動作。

(三) 口頭對話教學法

「口頭對話」(dialogue)就是一種具有高度師生互動的學習方式。在實施美術鑑賞教學時,教師可透過口頭對話的方式激發學生主動學習之動機,在此情境中,參與者必須給予某種程度的實質學習掌控(鍾生官,2003)。教師所扮演的角色為催化劑的任務,透過肯定與鼓勵的話語或問題引導學生繼續表達對藝術作品的剖析、深度探討。

因此,口頭對話的鑑賞教學法讓學生平等表示獨到的見解,透過合作參與讓每一位同學更深入理解某種概念,而值得注意的是,教師的職責在口頭對話情境中不是回答問題或資訊的灌輸者;反之,教師的主要任務置於反覆提出問題使學生加以思考分析,是一種平等互相尊重的師生互動式鑑賞教學法(見圖6-2)。

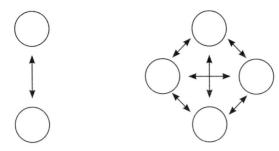

圖6-2　討論與口頭對話的師生互動關係

口頭式教學法在藝術鑑賞教學時，應用的教學策略可以透過：

1. 圓桌式或馬蹄形（ㄇ字形）的座位安排，方便學生討論的視線與平等式的空間形式。

2. 討論藝術作品的件數不超過兩件，兩件可運用對照討論方式，但仍以一件作品循序漸進方式實施為主。

3. 討論作品內容應避免藝術的專業性術語或語彙過多，可以包容更多人文或個人經驗的陳述。

4. 教師對於作品的引導與肢體語言應輕鬆與具趣味性，讓學生更樂於發表。

5. 教師可以編製教學媒體如：PPT、教學影像輔助、圖片或網路科技資訊等。

6. 善用戲劇的媒材，例如：偶戲的戲偶，手套偶是最容易與學生輕鬆趣味互動的教學媒介。

7. 教師給予學生的討論與時間應該充裕並給予激盪思考的引導。

8. 討論過於冷淡時，教師可以將學生適度分組，透過同儕間的個人領導或競賽方式，激發學生榮譽感與表達意願。

9. 教師應將學生發表的見解，透過黑板（電子白板）的方式，統整其概念與分類。

(四) 講述故事教學法

透過故事引導的教學方法，啟發學生對於藝術賞析的興趣，是非常普遍的教學方法應用，不論是在哪一個階段年齡層的學生都喜愛聽故

第 **6** 章　藝術鑑賞教學與實作

事。教師在藝術鑑賞教學之際，對於教材內容的編選，是透過藝術家的生平背景、生長年代、環境，或是藝術作品所蘊含的作品意義的詮釋，或是藝術作品所代表的社會人文關懷的價值取向，對當前生態環境、政治、社會現象等意象的批判性意念的表達。可以藉由教師編製繪本教材、設計視聽或電腦科技教學媒體等教學策略，或是運用手套偶戲媒介等方式，將故事的表達張力、趣味性透過各種不同媒體的形式及教師或師生共同的故事接龍方式，傳遞藝術作品所表達的感覺與技能層次、感情層次、認知層次的內涵。

通常運用講述故事的教學方法，教師會同時編製設計教學媒體來配合，例如：教學 PPT、圖片的策略運用，或是將作品冷裱護貝處理後製作成拼圖形式，或是製作作品圖卡讓學生在學習情境中布置藝術作品，再尋找比對手中的作品，讓發現的驚奇與喜悅，帶來故事聆聽的動機。通常藝術家在藝術創作時，內心蘊含的想法或是作品題材所表達的人文、自然景象都有其象徵的意涵；教師即可從這當中尋找適合學生理解的內容作為故事講述的教學運用。適合學生理解的包括故事的背景、經驗與藝術的專業內容都必須考量，否則講述故事就算再精彩，學生無法體會藝術家或藝術作品在創作的歷程、創作的形式表現所傳遞的訊息，則藝術鑑賞教學的描述、分析歷程便無法使學生繼續深入的思考批判。

講述故事教學法在鑑賞教學的運用上，仍應回到對於藝術鑑賞教學認知歷程的描述、分析、解釋、批判上，讓故事講述的教學方法，激發學生學習動機與興趣，尤其有些藝術家或藝術作品相當具有故事性，可以發展在鑑賞歷程上的探討與分析。

三、教材內容的編選

教材編選應先進行藝術欣賞教材內容分析，透過分析藝術鑑賞教材的系統編寫，將擬定實施的藝術賞析內容，經由篩選組織藝術賞析主題或是教學單元，透過篩選教材內容的差異性，依照兒童身心發展階段編序與應從自己的社區、家鄉環境出發，將在地文化藝術列入首要的藝術教材編選，讓學生對於家鄉或國內的相關藝術家、前輩藝術家的歷史、

創作貢獻有所理解與認識。進而發展編序區域性文化或全球化下的人類文化藝術資產的賞析，應有所全面性評估；不應全然接受西方藝術史的觀點欣賞西方藝術家或藝術作品為主軸，可以藉由比較的中西方藝術家的創作歷程、題材、媒材形式與內容，反映社會文化、經濟、政治、宗教等面向的藝術作品之風格美感、藝術家心靈感受，以及我們身為觀賞者的態度，這些都將對於教材編選有所影響。

因此，教材編選基本上有如下原則的考量：

1. 應先做擴散思考的系統分析，將藝術教材內容透過 MAP 系統分析表來分析。

2. 教材內容應具有多元文化觀的藝術內容，包括：原住民藝術、民間藝術、精緻藝術、當代藝術、科技藝術、商業藝術、生活藝術、設計等。

3. 藝術教材編選應符合兒童身心發展階段與美感學習經驗背景。

4. 藝術教材編選應從在地文化藝術資源出發與規劃設計。

5. 藝術教材的編選應兼顧藝術專業內容與人文思維面向的欣賞。

6. 藝術教材的編選，精緻藝術與當代藝術的題材編選，應避免過於重視藝術風格流派等藝術史專業內容，或是當代藝術創作議題不適合兒童身心階段的題材、造形。

7. 為增進文化認同，應透過對自己的文化藝術主體性培養，編選對台灣藝術發展有貢獻與兼具相關歷史地位與意義的藝術家、藝術作品。

8. 當前後現代主義思潮下的藝術發展，重視觀賞者的經驗及詮釋，因此針對生活中的大眾文化，探究其中的藝術造形要項，而動、漫畫的元素等都可能是藝術賞析的題材。如何以適切分量的比例編選教材，也是教師在其教學資源分析與教學對象、文化差異等相關條件考量下，斟酌增減教材的比重。

綜合上述原則將藝術賞析教材範疇整理如下：

1. 精緻藝術（如：繪畫、雕刻 …… ）。

2. 工藝、設計（包含建築、服裝、商品 …… ）。

3. 民俗藝術、原始藝術、原生藝術。

4. 藝術家、藝術風格、藝術史……。

5. 人類文化遺跡、活動（包含物質文化資產與非物質文化資產）、古藝品。

6. 當代藝術、裝置藝術、地景藝術……。

7. 數位藝術、動畫藝術。

由於藝術的發展，不論創作的形式、媒材與風格，隨著社會環境、文化差異、科技文明的進步，不斷推陳出新；欣賞藝術的範疇與內容，也與藝術的哲學思維與美感認知轉變有著密不可分的牽動。故藝術欣賞的教材範疇，也是教師在實施課程規劃設計與教學時，可以因地、因校、因學習者的文化經驗背景與環境資源等條件，另行評估與規劃設計。

 鑑賞教學的實施

藝術鑑賞教學的實施，可由教師的教學方法、課程規劃設計、藝術鑑賞教材三個面向構成教學實施的成效。教師的專業素養，對於如何進行教學實施的歷程，在上述中所提及的藝術鑑賞教學從美感認知的發展、藝術批評的程序或養成美感欣賞態度，均有其教學實施運用的特點。教師必須思考如何運用適宜的教學方法在自己的教學班級與環境，並透過社會資源、藝術事件或是實踐在地文化藝術的觀點，從本土文化藝術的教材內容開始規劃課程，實施教學時並兼顧學生的學習反應，適時修正教材內容與教學方法，讓教學評量的歷程輔助教師能從「課程規劃」、「學生學習成效」、「教師教學」中獲得即時的回饋修正。

教學的實施首重學生參與學習的意願與興趣，透過批判思考或口頭對話式的教學方法，可以提升學生參與的意願與學習動機；透過故事或創造性戲劇的教學方法，可以讓學生提升參與學習的興趣；透過社區、家鄉的文化藝術鑑賞教材，讓學生更熟悉理解自己文化的藝術鑑賞內容。此外，教師在教學之際的民主、包容與適切引導鼓勵學生的態度，將會牽動學生參與學習的意願與積極度。

一、教學活動

　　教學單元活動的設計，可以藉由一個教學主題中所規劃設計的教學單元，或是單獨規劃設計教學單元組成。有系統的擬定設計藝術鑑賞課程單元，除應兼顧不同年段應認識理解的學習內容外，也可從藝術與人文領域課程綱要的「審美與理解」課程目標主軸中，分析各階段能力指標的規劃內容，並從各階段能力指標內容，轉化各單元學習目標來規劃設計教學活動。

　　教學活動中的「引起動機」、「教學活動」、「綜合活動」是活動設計的三個階段。每一個階段均有其發展的教學活動設計，如第一階段「引起動機」所發展的活動一：抽抽樂、活動二：找找看、活動三：對對看等。類似此規劃方式實施教學活動設計，每一個階段均可以發展各階段實施教學的創意教學活動設計，尤其各教學活動實施，更應輔以創意教學策略，讓學生在學習活動中，不斷受到激勵與讚賞；也同時讓不同的創意教學策略，能夠引導學生更深入理解藝術鑑賞的作品或是藝術家的生平事蹟。例如運用視聽媒體或是電腦科技的互動式光碟，都能夠提升學生學習的興趣，也能補充教師在教學實施時無法透過口語表達、文字書寫呈現的教學內容。因此，運用良好的教學策略，將可以更有效率增進學生在藝術鑑賞教學時，理解分析作品的意涵、作品的時代意義與價值。

　　教學活動的實施，也可以透過實際拜訪藝術家、參觀美術館、博物館或是藝術作品的實際賞析活動。但通常一般學校以視聽媒體、影片或圖片等方式進行。近幾年來台灣美術館的「行動美術館方案」，或是民間基金會如：財團法人廣達文教基金會的「游於藝」專案，都是以取得藝術家複製藝術品的版權，進行校園巡迴展覽與推廣藝術鑑賞教學的「文化均富」的理念在實踐。教學活動的實施與規劃已經不限於學校發展的教材與課程，而是延伸與當前台灣的藝術事件結合，發展藝術鑑賞教學。例如：廣達文教基金會近幾年的方案包括：「藝術頑童～劉其偉」、「米勒」、「愛與希望日記～妮基」國內外知名藝術家等，並仍持續在發展國內前輩藝術家的方案。如此的社會資源運用在藝術鑑賞教學

上，學校與教師更應積極爭取納入學校發展本位課程的模式，讓藝術鑑賞教學成為學校培養學生人文素養與藝術欣賞態度的重要辦學理念。

　　教學活動的多元發展、教學方法的靈活運用、教材內容的增進、文化認同的在地觀，以及提升視野的國際觀，皆能提升藝術鑑賞教學的實施成效，經年累月之後國民文化藝術素養與態度自然形成，教學與生活態度結合，藝術鑑賞與活動成為家庭、學校、社會的休閒生活指標，也是教學活動得以更擴大實施與推廣層面的延伸學習與促進學習。

圖6-3　小朋友尋找藝術家
　　　的作品圖卡

圖6-4　藝術欣賞說故事策略

圖6-5　學生找尋藝術欣賞作品資料

二、教材內容

　　藝術鑑賞教材編選範疇，可以從社區、家鄉的藝術家、藝術作品作為起始點，依序發展為台灣、中國、世界、人類的文化藝術資產；也可以從藝術史、美學、藝術風格、流派進行鑑賞教學的教材內容；也可以從藝術類別的獨特性進行藝術鑑賞教材的編選，例如：版畫的藝術鑑賞包含台灣、中國傳統版印年畫、當代藝術版畫，包括台灣辦理的版畫雙年展的作品，或是台灣版畫藝術家，如陳其茂、廖修平等前輩藝術家；也可以從民間藝術、原住民藝術，或是當前的商業藝術，以及運用流行文化元素、要項的藝術創作。

　　不管是以哪種類別或是風格流派的藝術鑑賞教材，教師應把握住鑑賞教學時美感認知的發展，與教師的民主、包容與尊重的教學涵養，讓學生能夠依循教師的引導或是事前的課程設計所編寫的學習單，運用電腦科技、網路、圖書等途徑搜尋資料，先行準備、組織上課時所需要報告或發表的知識，藉由教材內容的編寫設計，延伸學生學習的廣度，同時也促使學生能夠更深入的探討。

　　藝術鑑賞教材的編選應考量的原則：

1. 教材內容應符合教學對象的身心發展階段與認知美感經驗，尤其城鄉與文化背景的差距因素、學生學習經驗等均應考量。
2. 教材內容應儘量避免過於偏向藝術的專業內容與術語的講解，尤其藝術作品中所象徵的意義，部分內容不適宜分析與詮釋給予該年級學生探討，則應排除另選同時期或同風格流派的相關藝術家或作品。
3. 教材內容的編序應先行考量探討與分析，以何種形式、何種面向編序教材，以免學校實施藝術鑑賞課程時，造成教材內容重複、面向不足、延伸學習或廣度不夠。
4. 教材內容的編選可以斟酌考量結合社會資源的運用，例如：直接到美術館、文化中心或是藝術家工作室，透過現場的展覽提供之學習手冊、學習單進行教學，增加教學臨場的美感體驗。也可以透過基金會的推廣資源，發展為學校本位課程的藝術鑑賞單元。

5. 教材的編選已經非特定於紙本的形式，當前科技媒體，如：電腦與網路科技的發達，對於編選或蒐集相關的藝術鑑賞教材並非難事。教師應善用「數位原生代」（Digital Natives，亦稱「數位原住民」）學生的學習特質，提升他們對於藝術鑑賞的興趣，也透過電腦科技發展延伸鑑賞學習的「藝術創作」或藝術史、美學的藝術知識累積。

圖6-6　藝術欣賞教具拼圖

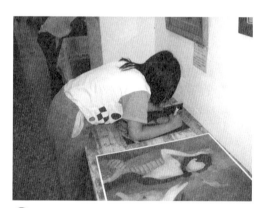

圖6-7　名畫改創的藝術賞析活動

圖6-8　藝術欣賞教學教材

三、教學評量

　　教學評量的目的乃在於了解教師的教學實施成效、學生的學習成果與如何進行補救教學、提升學習效能。藝術鑑賞的教學應特別重視教師教學方法與教學策略的應用，因為教學方法與策略將能提升學生學習的動機與意願。因此，評量有以下重點：(1) 教師的教學；(2) 教材的編選適宜；(3) 學生的學習成果。評量是提供教師與學生在教學單元目標達成的評斷依據，因此教學評量除了檢視教學成效之外，從積極面分析，更是讓教師在教學步驟、教學教材內容或是教學策略與方法上，做適度的調整與改變的具體作法。因此教學評量除了運用的面向之外，評量的策略最常使用的方式多為紙筆測驗，藝術課程多為實作評量，但除了上述方式外，檔案評量更能具體記載學生個人的學習歷程與成果，是一個可以長期觀察的評量方式。另外教師透過檢核表的方式設計評量指標，可以考量由教師、家長或是學生互評檢核，或是自我檢核等方式，讓教學評量的實施更多元。同儕互評也可運用在藝術鑑賞教學上，透過口頭式對話的教學方法或是創造性戲劇表演法都能夠運用。

　　教學評量的實施階層可以從以下三個面向，分階段與程序進行評量檢視：

(一) 教師的教學

　　教師的教學紀錄、省思或是教學夥伴的協同教學，都可以讓教師在進行藝術鑑賞教學時，逐漸修正教學時所造成的缺失。

(二) 教材的編選

　　教材的評量通常必須依賴外部評量的機制，透過輔導團或專家學者的檢視、指導，方能夠發展合適的藝術鑑賞教材。自我檢視的方式，多以學生的學習成效，作為教材適合性考量與修正的依據。

(三) 學生學習成果

　　學習成果的檢視與評量，可以透過編輯學習手冊、學習單或是教

師在課程上進行；或是學生口頭發表、文字報告發表等學習表現、反應的紀錄；或是透過統計方式進行分析鑑賞教學時，學生是否能夠具體發表、是否能夠完成藝術鑑賞教材的理解、填寫等。同時教師透過教學時，隨時讓每一位學生有足夠時間表達對藝術鑑賞的理解分析說明等方式，讓學習成果的展現方式更多元。

四、鑑賞教學面面觀

藝術鑑賞教學的課程規劃與實施，經由學校的教學團隊或是藉由縣市藝術與人文領域輔導團的協助，都將能夠提升藝術鑑賞教材與教學的成效。教學方法的善加運用是促進學生學習興趣的重要教學歷程，教材內容的編選透過教師運用電腦科技媒體所編製的 PPT，取代了過去傳統的圖片，但複製畫與仿作藝術品的技術提升後，藝術鑑賞的教材形式在品質與技術上已經大為改善。

教師在實施藝術鑑賞教學之際，師生的互動氣氛是鑑賞教學成效的重要評量。因此，教師實施鑑賞教學時，激勵學生參與發表、引導學生多元思考與批判，都是影響藝術鑑賞教學成效的重要因素。鑑賞教學的面面觀，在於教師態度、課程與教材編選、學生熱情參與，是三個不可分離的面向。透過這三個面向的構成，才能發展教師運用的教學方法、實踐美感認知歷程或是藝術批評的四個程序。透過這三個面向，才能將藝術鑑賞教學的具體執行內容，發展成為教師藝術教學專業的進修、審美與理解的專業知能。其中教學的巧妙之處，應是教師與學生最能夠體會與發展的奧秘，絕非遵守唯一準則的教學途徑。

圖6-9 老師藝術導賞說明

圖6-10　學生在遊戲中進行藝術　　圖6-11　尋求義工協助藝術導覽
　　　　欣賞學習

圖6-12　藝術小尖兵導覽

圖6-13　藝術欣賞學習情境教學

參考文獻

王秀雄（1986）。觀賞認知解釋與評價——美術鑑賞教育的學理。台北市：國立歷史博物館。

郭禎祥（2000）。談藝術鑑賞教學與評量的某些理論與實務。師大學報，*35*，317-324。

陳俞均（2003）。美術鑑賞教學原理之探討。通識教育季刊，*9*（2），23-43。

陳俞均（2007）。批評對話教學在美術鑑賞課中的應用策略。嶺東學報。頁22。

溫明麗（1997）。批判性思考教學——哲學之旅。台北市：師大書苑。

虞君質（1999）。藝術概論。台北市：大中國。

鐘生官（2003）。口頭對話在美術鑑賞教學之應用。美育，*131*，69-75。

兒童美術館

展覽系列（四） 設計者：賀仰賢、楊惠卿

台中縣大元國民小學

大里杙的故事 參觀學習單

年 班 號
姓名：
家長簽章：

小朋友：我們現在所居住的地方，以前是稱為「大里杙」你知道有關大里杙的故事嗎？走！讓我們進入時光隧道中，回到阿公阿嬤小時候的那個年代吧！

活動（一）

大元國小旁邊的河流你知道它的名稱嗎？是＿＿＿＿＿溪，大里市的舊地名稱做＿＿＿＿＿，以前的大里溪水量充沛，由大陸經彰化地區入港的貨物須以大船換小船方式進入，而大里溪由於小船靠在河岸邊，需有木樁將船上的繩子固定，船才不會隨水流流走，固定在河邊的木樁即稱「＿＿＿＿」，可見得當時的大里杙一繁榮的盛況吧！

傳聞中的藝術候地 大元國小

你知道我們學校是民國＿＿＿＿年奉准成立設校嗎？
我們學校是在民國＿＿＿年＿＿＿月正式招生，派任首任校長是誰？＿＿＿＿＿，大元國小是一所以涵養每一位小朋友，具備有藝術欣賞或創作表演能力的學校，希望你們能透過兒童美術館或表演藝術廳的相關教育活動，提升大家的欣賞興趣。

美術館的導覽活動

勞苦功高的美術館義工

演藝廳表演

①

活動（二） 大元國小的「前世與今生」

大元國小現在快滿兩歲了， 你認為最能代表大元國小的特色是什麼？

_____

← 你能以這些特色設計一個代表大元國小的旗子嗎？ 別忘了塗色！

活動（三）
大里市的公園景觀越來越_____出你認識的大_____

◎ 美術館可以提供印章，楊玉燕老師覽錄音帶哦！

請黏貼

活動（五）
大突寮就是現在大里市的_____里，在這裡有一所美麗又富藝術氣息的小學，就是_____國小。

請黏貼

活動（記得們家五年計的動公

◎ 請畫（別

活動（七） 參考兒童美術館展出 "大里代一" 地圖或問問老師、 爸爸、 媽媽， 請將下列的地名或河流名稱， 剪下來黏貼在 [ ] 中！

◎ 插圖： 侯政光老師

| 大突寮 | 頭汴坑溪 | 大里溪 | 大元國小 | 大里橋 | 內新橋 |

動（三）

...市的公共設施和人文...
越來越繁榮了，請舉...
認識大里市的古蹟！

...術館可以提供資料查詢和影...
...楊玉燕老師也錄製一卷導...
...音帶哦！）

活動（四）

大里溪是一個賞鳥的好地點，你去過嗎？你看到哪一種鳥類呢？
⊙別忘了和爸爸、媽媽一起帶著望遠鏡和鳥類圖鑑去賞鳥哦！

一年級交趾陶作品

廖文華老師教學：認識家鄉風貌

請黏貼

請黏貼

請黏貼

賞鳥學會李進弘協助本校觀賞
"認識家鄉的候鳥"教學

活動（六）

記得921集集大地震後，我們家鄉的景象有些改變了，五年級的小朋友賴珮萱所設計的921紀念碑被建造於運動公園入口處，你看過嗎？
⊙請你也設計一個紀念碑921或畫出你預防地震的躲避姿勢！（別忘了塗色！）

請黏貼

賴珮萱的作品

③

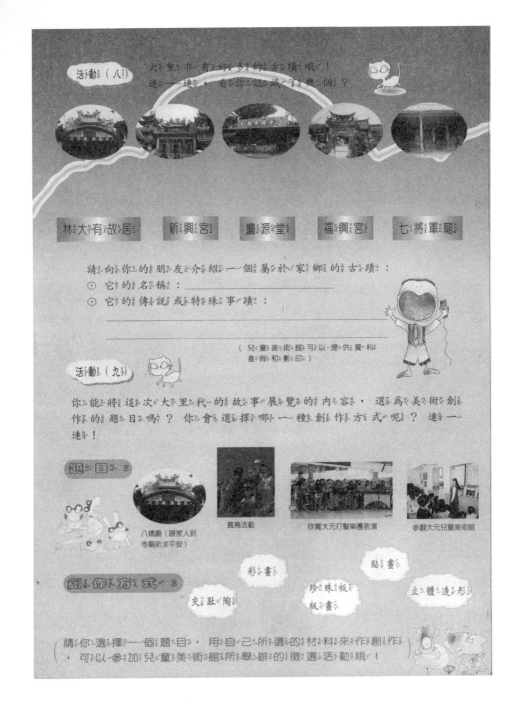

活動（八）　大家里市有好多的古蹟哦！連一連，看你認識了幾個？

林大有故居　　新興宮　　慶源堂　　福興宮　　七將軍廟

請你向你的朋友介紹一個屬於家鄉的古蹟：
⊙ 它的名稱：＿＿＿＿＿＿＿＿＿＿＿＿
⊙ 它的傳說或特殊事蹟：
＿＿＿＿＿＿＿＿＿＿＿＿＿＿＿＿＿＿
＿＿＿＿＿＿＿＿＿＿＿＿＿＿＿＿＿＿

（兒童美術館可以提供資料查詢和影印）

活動（九）

你能將這次大里代的故事展覽的內容，選爲美術創作的題目嗎？ 你會選擇哪一種創作方式呢？ 連一連！

題目：
八媽廟（跟家人到寺廟祈求平安）
賞鳥活動
欣賞大元打擊樂團表演
參觀大元兒童美術館

創作方式：
彩畫
貼畫
珍珠板版畫
立體造形
交趾陶

請你選擇一個題目，用自己所選的材料來作創作，可以參加兒童美術館所舉辦的徵選活動哦！

第 7 章

立體造形教學與實作

温惠珍

王曉菁

造形藝術大體上可概括為平面和立體兩大類，前者是一種視覺語言的表現，後者是觸覺語言表現於三度空間的構成中。當然，兩者也很難截然劃分，立體產品的表面紋理、圖畫、色彩及陰影，也包含了視覺語言的平面造形；而平面造形也可表現抽象的視覺立體空間，兩者的關係非常密切（胡寶林，1994）。立體造形的教學，在現今的國小美術課程中，無論國內或國外，都是十分受重視，主要也是在於它不但能啟發兒童的想像力與創造力，更能讓兒童感受觸覺的滿足與喜悅。本章將針對立體造形藝術的起源與發展、立體造形教育的功能、國小階段立體造形教材的編選、教學與評量的重點以及教學實例，作一簡要的說明。

壹　立體造形藝術的起源與發展

立體造形的定義是平面之外的藝術作品，但是除了雕塑之外，我們對立體造型的認識並沒有像平面作品那樣的早，最早可以追溯到 20 世紀初的畢卡索（Pablo Ruiz Picasso, 1881-1973）。畢卡索為主的立體派成立時間是在 1905 年，當他有意無意的使用現成物的概念拼貼於畫面之中，原本只是想多出一個空間的概念，卻在之後的達達主義發酵。

到了第一次世界大戰的達達主義（Dadaism），更是大膽的啟用的現成物的概念。其中代表人物杜象（Marcel Duchamp, 1887-1968）更是大膽的將曬瓶器與小便斗視之為藝術，他離經叛道的將達達精神發揮得淋漓盡致，試圖用顛覆的美學概念，打破傳統對藝術品的概念，引導我們從造型出發而不是從實用角度欣賞。至此歷史對立體藝術定義改觀，藝術不全是平面傳統的油畫作品才稱得上藝術品。

儘管達達藝術消失得很快，仍不會抹滅它在藝術史上重要的地位，並在各地開花結果。杜象的現成物的概念，雖然沒有辦法保存藝術品，他的靈感卻是更多藝術家創作的泉源。不久之後，美國的羅森伯格（Robert Rauschenberg, 1925-2008）的「串連繪畫」（combine painting）彌補杜象那種壯烈犧牲無法保存藝術品的遺憾。他冠冕堂皇的將現成物與平面油畫結合，或是將現成物入畫，讓這些世人眼中的廢

棄物再度成為藝術殿堂的主角。

　　而之後有很多像是新達達或是集合藝術的藝術家，從大量使用工業用的廢棄物出發，並運用拼貼的方式，呈現人們在工業革命之後大量製造物品的反思以及物質浪費的概念。到了普普主義（Pop Art），安迪·沃荷（Andy Warhol, 1928-1987）沿用這樣的想法，更誇大的將之包裝成藝術品與商品，讓藝術品與商品之間的定義曖昧不明，削弱藝術家的獨特性，卻製造出更大的明星。例如商店內的肥皂盒來自商業用途，卻擁有藝術家的風格及保有藝術史崇高的地位。

　　接下來的環境藝術、總體藝術與裝置藝術，使立體藝術終於擺脫平面畫框的束縛，獨立的呈現藝術家的意念。時至今日我們對藝術品的概念有了多元而嶄新的定義，藝術品除了是立體的之外，其媒材還可以是現成的，甚至還包含了回收物。

貳　兒童立體造形教育的功能

　　兒童對周遭環境充滿了好奇，於是用盡各種方法去探索，觸覺是他們認識外界比較可靠的媒介，因此，立體造形有其一定的教育功能。胡寶林對兒童立體造形的教育功能有以下的見解（胡寶林，1994）：

1. 滿足幼兒觸覺的慾望，使身心安怡，是觸覺敏銳化的功能，也是正常的性教育基礎。
2. 透過對周圍物件的揣摩，促使對環境的認同，對自我的存在產生自信、安全感。
3. 促進兒童搜索研究的精神，隨時隨地發現新價值，創造新主意，善用文明物質。
4. 學習計畫和構造，為未來的職業學藝，奠定靈敏的基礎。
5. 滿足想像的慾望，使想像的對象在具體造形活動中具體化。
6. 在家庭生活的工藝修護中養成群體合作的習慣。
7. 保持兒童與生俱來積極活動的精力，薰陶成熟的積極人格。
8. 建立人對物質文明的正確關係。

9. 養成積極「創造文化」的生活習慣，避免只過「消費文化」的生活。

10. 建立「雙手萬能」的信念。

　　以上觀點，大多著重在對兒童自身的教育功能，除了兒童以外，我們亦可從社會、文化、藝術的面向來看兒童立體造形教育的功能。

一、社會層面

1. 立體造形的素材大部分來自生活、來自社區，立體造形教學可加強與生活及社區的連結。
2. 立體造形教學經常須採集體創作的方式，可培養兒童溝通協調、團隊合作的能力和習慣。
3. 立體造形教學的內容與人類的生活息息相關，尤其經常探討環保的主題，是高度人文關懷的表現。

二、文化層面

1. 立體造形教學內容能反映當代的文化特質。
2. 立體造形媒材技法不斷創新，具有更新和創造文化的功能。

三、藝術層面

1. 打破精緻藝術的框限，讓藝術創作更加自由。
2. 讓藝術不再高不可攀，藝術欣賞成為一般人的素養。

參　國小立體造形教材的編選

　　立體造形教材的分類，大體上可以表現的內容或主題、表現的形式或媒材的特性來分：

1. 以表現的內容或主題：分為寫實的、故事的、幻想的等。

2. 以表現的形式：分為立體和半立體的。

3. 以媒材的特性：有紙、土、木、石、玻璃、金屬、塑膠、皮革、綜合媒材等。

國小進行立體造形教學時，如何編選教材，除了要依據藝術與人文學習領域分段能力指標、單元教學目標外，還要注意以下幾個原則：

1. 生活化：教材須與兒童的生活經驗相關，否則便會流於枯燥，無法引起學習興趣。

2. 多元化：立體造形教材必須多元化，主題多元、媒材多元、技法多元，才能因應變遷、多元的社會。

3. 統整化：將兒童的知識、經驗統整起來，切忌選擇零碎的，無連貫的教材。

4. 個別化：立體造形教材必須適應兒童個別的需要，並非統一不變的。

5. 遊戲化：立體造形遊戲是探索、體驗、創意與表現的創意活動，適合國小兒童，尤其是低年級。

6. 環保原則：立體造形教材的運用必須注重環保原則，不可讓創作變成製造更大的垃圾。

7. 經濟原則：多利用廢棄物或現成物，注重經濟性。

國小立體造形教學與評量的重點

立體造形教學與評量的重點，不外乎課程綱要中藝術與人文領域教學與評量的實施要點，只是更需把握立體造形教學的特性。茲將重點略述如下：

一、立體造形教學的重點

1. 立體造形教學在設計教學活動時要依據教學目標，而教學目標需

兼顧知識、技能、情意等範疇。

2. 教學設計宜考慮學生學習的動機、興趣、能力及程度等個別差異。

3. 教學活動宜生動、活潑、趣味、有變化,掌握生活化原則。

4. 概念、技法的指導應符合順序性。

5. 要引導學生自發性學習與表現的意願。

6. 提供良好的示範供學生觀摩,並提供充裕的時間和機會讓學生實作。

7. 不要限制學生的思考,尊重學生對主題的詮釋或各種問題解決的方式。

8. 要顧及學生的能力、經驗與發展階段,尤其是對空間概念的認知發展。

9. 尊重每一位學生的獨特表現,多鼓勵少批評。

10. 教學法須多元而彈性,注重個別化教學。

11. 適時採用集體創作方式,培養學生溝通、協調能力。

12. 以學生為學習的主體,教師是引導的角色。

二、立體造形教學評量的重點

(一) 評量目的

1. 判斷教學活動是否達成目標。

2. 了解課程設計的適切性。

3. 評估學生的學習預備狀況、學習現況、學習結果及學習遷移。

4. 評量所得,作為教師加強與補救教學的參考依據。

(二) 評量的範圍

包括學習成果的評量、教學品質的評量與課程設計的評量。

（三）評量方法

教師評量、學生互評、學生自評等方式，並應用：觀察、問答、晤談、評定量表、檢核表、討論……等方式評量。

（四）立體造形作品（成果）評量可依據下列幾個重點

1. 作品要呈現的主題是什麼？
2. 主題是否明確？內容是否豐富？
3. 運用了哪些美感形式？
4. 表現的形式是否獨特？
5. 是否考慮整體的空間表現，而不是單面的表現？
6. 媒材的使用是否恰當？
7. 媒材、技法的運用是否熟練？
8. 作品是否融入作者的感情、思想？
9. 作品是否具有獨創性？

 伍 立體造形教學示例

單元一	動物筆筒	
適合年級	一、二年級	
教學時間	80 分鐘（2 節）	
教學目標	1. 了解動物的特徵。 2. 利用回收罐，使用適當的技法製作筆筒，並加裝飾。 3. 作品能有自己的想像和風格。	

圖7-1　學生作品
（台中縣追分國小）

材料準備	學生——飲料空罐（鋁罐、鐵罐或塑膠罐）、色紙、彩色紙板、保麗龍膠、剪刀、奇異筆、動物圖片等。 教師——動物圖片。
教學過程	1. 教師於課前交代學生蒐集動物圖片，上課時帶到教室。 2. 討論常見動物的特徵、習性。 3. 以彩色紙板包住回收罐，另剪出動物形狀，黏貼在上面。 4. 以色紙裝飾或奇異筆畫出細部。 5. 發表自己作品的動物名稱及特色，教師引導學生互相欣賞。

單元二	圓嘟嘟的娃娃	
適合年級	三、四年級	
教學時間	160 分鐘（4 節）	**圖7-2** 學生作品 （台中縣追分國小）
教學目標	1. 利用吹氣的氣球為基底，製作一個娃娃的頭部模型。 2. 利用多樣的材料，裝飾並美化氣球娃娃。 3. 欣賞別人的作品並重視自己的作品。	
材料準備	學生——氣球、色紙、舊報紙、宣紙、漿糊、保麗龍膠、剪刀、碎布、毛線、鈕扣等裝飾物。 教師——洋娃娃圖片、電腦、單槍投影機。	
教學過程	1. 教師以單槍投影機播放 PowerPoint，引導學生欣賞洋娃娃圖片。 2. 教師說明製作過程： 　(1) 氣球吹氣，綁緊。 　(2) 舊報紙撕成碎片浸在漿糊水（漿糊調水）裡，再以均勻重疊方式貼於氣球上。 　(3) 舊報紙貼數層後，貼宣紙碎片數層，注意紙張的平整。 　(4) 待紙張完全乾後，以多樣的材料，裝飾並美化氣球娃娃（可用保麗龍膠黏接）。 3. 每個人展示自己的作品，說明自己創作的心得或特色，互相欣賞。	
注意事項	若以大保麗龍球製作娃娃頭部，而不以氣球及碎紙製作頭部模型，則低年級學生即可教學。	

單元三	猜猜我是誰
適合年級	三、四年級
教學時間	80 分鐘（2 節）

教學目標	1.能用面部表情適切反映情緒。 2.熟悉紙板的摺、剪、挖、捲等技法。 3.將一張雙面彩色卡紙，利用摺、剪、挖等方式，做出有表情的面具。
材料準備	學生——雙色卡紙、色紙、保麗龍膠、剪刀等。 教師——參考圖片。
教學過程	1.討論面部表情所代表的喜、怒、哀、樂等情緒。 2.教師示範將卡紙做成半立體面具的方法——摺、挖、捲、翻等。 3.學生實作：剪出大小合適的卡紙，利用各種方法及材料，做出半立體面具。 4.以色紙或其他材料裝飾細部。 5.戴上自己創作的面具，作猜人遊戲。

單元四	化妝晚會上的面具	
適合年級	三、四年級	
教學時間	80 分鐘（2 節）	圖7-4　學生作品 （台中縣追分國小）

教學目標	1.熟悉紙類的特性。 2.運用紙張的摺、捲、貼等技法，製作有創意、有個性的立體面具。 3.戴上面具，作化裝晚會表演。 4.互相欣賞作品，選出最有創意的作品。
材料準備	學生——雙色卡紙、色紙、漿糊、保麗龍膠、剪刀等。 教師——參考作品。
教學過程	1.教師揭示參考作品圖片，引導學生欣賞面具特色。 2.討論化裝晚會上個性人物的面具特徵。 3.運用紙張的摺、捲、貼等技法，製作有創意、有個性的立體面具。 4.注意色彩搭配鮮明對比的能顯出人物的活潑個性；搭配和諧柔和的色彩能顯出隨和溫吞的個性。 5.戴上立體面具，作化妝表演。 6.互相欣賞面具，選出最有創意的。

單元五	糖果盤	
適合年級	三、四年級	
教學時間	120 分鐘（3 節）	圖7-5　學生作品 （台中縣追分國小）
教學目標	1.熟悉陶土搓、揉、壓、擀等技法。 2.均勻擀出厚度約 1-2 公分的陶板，作成盤子。 3.在陶坯上均勻上釉。 4.欣賞別人的作品並重視自己的作品。	
材料準備	學生──陶土、手捏陶工具。 教師──釉藥。	
教學過程	1.教師示範手捏陶技法：搓、揉、壓、擀等。 2.將陶土壓、擀成厚度約 1-2 公分的陶板。 3.以土刀切出陶盤的形狀，並加變化或裝飾。 4.在陶坯上均勻上釉。 5.燒出作品後互相欣賞。	

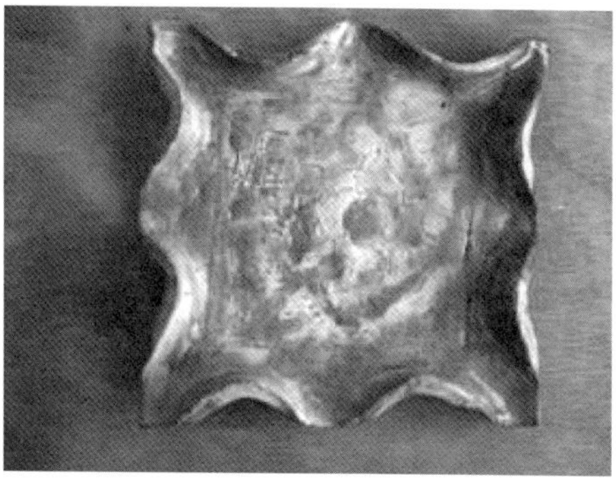

單元六	今天的心情	
適合年級	五、六年級	
教學時間	120 分鐘（3 節）	**圖**7-6　學生作品 （台中縣追分國小）
教學目標	1. 注意觀察同學的面部表情。 2. 雕塑出有表情的同學頭像。 3. 欣賞別人的作品並重視自己的作品。	
材料準備	學生——養樂多空罐、舊報紙、陶土、手捏陶工具。 教師——釉藥。	
教學過程	1. 觀察同學的面部表情，說出它透露的心情訊息。 2. 複習手捏陶技法：搓、揉、壓、擀等。 3. 以養樂多空罐或舊報紙團為基底，塑出同學頭像的雛型。 4. 以手捏陶工具，整理細部，表現面部表情。 5. 作品陰乾後素燒。 6. 素燒後若要上釉，再釉燒。 7. 發表自己作品所代表的心情，互相欣賞批評。	

單元七	理性與感性的結合──柱雕
適合年級	五、六年級
教學時間	120 分鐘（3 節）

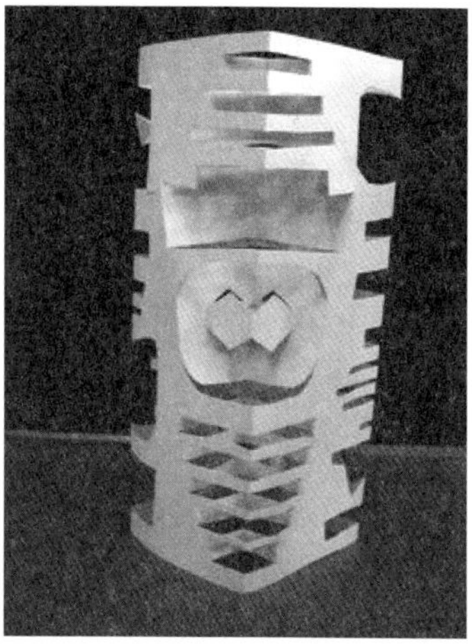

圖7-7　學生作品
（台中縣追分國小）

教學目標	1.了解摺紙「山」與「谷」依序排列的基本原則。 2.精確刻、摺、切、挖，並保持作品潔白乾淨。 3.注意柱體凹凸、虛實及光線的變化。 4.欣賞作品的光影效果。
材料準備	學生──白色西卡紙、紙雕刀或美工刀、直尺。 教師──參考作品。
教學過程	1.欣賞參考作品，引起動機。 2.教師說明摺紙「山」與「谷」依序排列的基本原則。 3.教師說明柱雕的基本技法。 4.構想設計角柱的形狀。 5.以刻、摺、切、挖等技法從事雕刻。 6.打光欣賞作品的光影效果。
注意事項	1.製作過程中，不用鉛筆或任何筆打稿，以保持作品潔白乾淨。 2.切割的刀片必須銳利，但需提醒學生注意安全。

單元八	美麗的公園
適合年級	五、六年級
教學時間	120 分鐘（3 節）

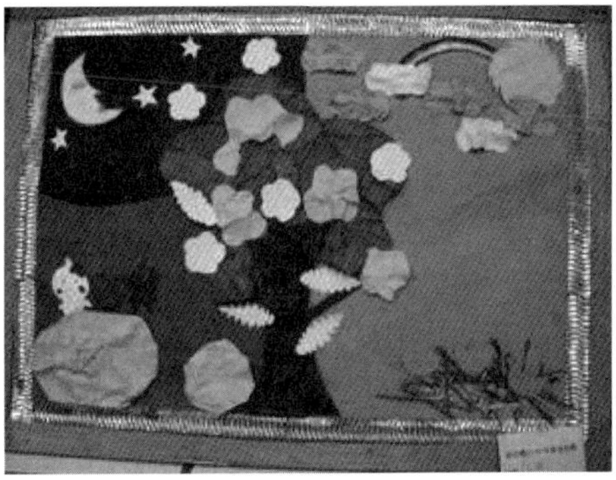

圖7-8 學生作品
（台中縣追分國小）

教學目標	1.運用摺、捲、揉、搓等方法將平面的紙張變成半立體效果。 2.組織、配置畫面的色彩，使之呈現欣欣向榮的意向。 3.適當黏接半立體的紙片，使之牢固。 4.建立環保的觀念與習慣。
材料準備	學生──彩色粉彩紙、剪刀、漿糊或南寶樹脂。 教師──公園圖片。
教學過程	1.教師揭示公園圖片，師生討論公園的生態景觀。 2.討論將平面的紙張變成半立體效果的方法。 3.教師說明黏接紙片的要點。 4.學生進行創作。 5.互相欣賞作品，選出最喜歡的作品。
注意事項	沒用到的碎紙片收進材料袋，下次再用，以養成珍惜紙張的環保習慣。

單元九	傳統花燈
適合年級	五、六年級
教學時間	240 分鐘（6 節）

圖7-9-1 學生作品
（台中縣追分國小）

教學目標	1. 了解傳統花燈的製作程序與技法。 2. 構想花燈的主題、形式、材質等問題。 3. 運用傳統技法加上新意製作傳統花燈。 4. 欣賞具有創意又精緻的燈籠。
材料準備	學生──竹籐、塑膠扣帶、有彈性又透光的布、彩色宣紙、電線、燈泡、電路開關組、熱熔膠、銳利剪刀、亮片或金蔥等裝飾物。 教師──傳統花燈圖片、製作程序圖片、電腦、單槍投影機。
教學過程	1. 教師以 PowerPoint 引導學生欣賞傳統花燈圖片，並說明製作程序。 2. 分組（約 3-4 人一組）畫出花燈草圖，並以竹籐製作花燈骨架。 3. 以串聯方式連接電線和燈泡，並加開關。 4. 將電路組連接在花燈骨架內側適當位置。 5. 裱貼布或宣紙，並加以裝飾。 6. 完成時插電，互相欣賞作品。
注意事項	1. 本單元製作過程較繁複，以分組製作為佳。 2. 除了傳統材料外，教師應鼓勵學生多嘗試新材料。

圖7-9-2　紮支架

圖7-9-3　配電線、燈光

圖7-9-4　裱布

單元十	創意燈籠	
適合年級	五、六年級	
教學時間	120 分鐘（3 節）	**圖**7-10　　學生作品 （台中縣追分國小）

教學目標	1. 了解創意燈籠基本結構與造形原理。 2. 發揮創意製作獨特的燈籠。 3. 欣賞具有創意又精緻的燈籠。
材料準備	學生──彩色玻璃紙、彩色迴紋針、吸管（中型不可彎者）、剪刀、 　　　　雙面膠、南寶樹脂或保麗龍膠、電線、燈泡、電路開關組。 教師──幾何圖形（正方體、長方體、三角柱、五角柱等）結構圖。
教學過程	1. 教師揭示幾何圖形，說明正方體、長方體、三角柱、五角柱等的 　　結構。 2. 教師示範以彩色迴紋針和吸管製作一個正方體、長方體、三角柱、 　　五角柱等的方法：迴紋針打開適當角度，兩邊分別插入兩支吸管 　　做連接。 3. 學生由一個「基本形」加以變化，並組合成一個有創意的造形。 4. 配上電線、燈泡或買現成的可操作開關的線路組。 5. 黏貼彩色玻璃紙，並加以裝飾。 6. 互相欣賞作品，選出最有創意又精緻的作品。
注意事項	1. 本單元吸管以不能彎曲者為佳，因為這樣做出的結構較堅固。迴 　　紋針最好彩色的，因上面塗有漆，當插入吸管時，可增加摩擦力 　　較易卡住。 2. 玻璃紙貼好後，用濕抹布稍微擦拭，乾後玻璃紙更加平整。

單元十一	美麗的家	
適合年級	五、六年級	
教學時間	120 分鐘（3 節）	圖7-11　學生作品 （台中縣追分國小）
教學目標	1. 運用回收紙盒作房子的基底加以創作。 2. 能兼顧居所的美觀與實用性。 3. 欣賞具有創意又精緻的作品。	
材料準備	學生——回收紙盒、西卡紙、碎布、各種紙張、剪刀、雙面膠、保 　　　　麗龍膠、熱熔膠、各種可運用的材料。 教師——參考作品、電腦、單槍投影機。	
教學過程	1. 分組討論「美麗的家」的外形、結構及格局等，畫簡單的設計圖。 2. 運用回收紙盒及各種媒材剪裁大小合適的組件。 3. 使用合適的黏劑，黏接各組件，使成「美麗的家」的雛形。 4. 裝飾「美麗的家」的細部。 5. 互相欣賞作品，選出最有創意又精緻的作品。	
注意事項	1. 本單元必須透過設計、組織和精密的技巧，因此建議採分組方式， 　 集體創作。 2. 集體創作時教師須注意每個人是否都參與創作。	

單元十二	相框設計	
適合年級	五、六年級	
教學時間	120 分鐘（3 節）	圖7-12　學生作品 （台中縣追分國小）
教學目標	1.運用「反覆」的形式，設計相框草圖。 2.使用適當工具切割木板及木條。 3.精確組合並黏接木板及木條，成為相框。 4.能將相框草圖描繪在相框上，並上色彩。 5.欣賞別人的作品並重視自己的作品。	
材料準備	學生──木板、木條、美工刀、線鋸、直尺、量角器、保麗龍膠、 　　　　南寶樹脂、廣告顏料或水彩。 教師──二方連續圖案、四方連續圖案、電腦、單槍投影機。	
教學過程	1.教師以 PowerPoint 說明美的形式之一「反覆」，並欣賞二方連續 　圖案及四方連續圖案。 2.引導學生運用「反覆」的原則，在紙上設計相框草圖。 3.使用美工刀或線鋸切割木板及木條，木條兩端需切割為 45 度角。 4.使用保麗龍膠或南寶樹脂，黏接各組件，使成相框的雛形。 5.將草圖描繪在相框上，並以廣告顏料或水彩上色。 6.將相片鑲入相框，互相欣賞作品。	
注意事項	1.相框預留相片張貼處需比實際相片稍小。 2.黏接木條時，須空出內側約 0.2 公分不上黏劑，以便相片鑲入。	

單元十三	瓶瓶罐罐的新生
適合年級	五、六年級
教學時間	120 分鐘（3 節）

圖7-13-1　　　　　　　　圖7-13-2

資料來源：引自吳仁芳，1987。

教學目標	1. 了解廢棄物的妥善利用可改善環境品質。 2. 能運用廢棄物造形。 3. 能適當使用黏接劑組構。 4. 能注意三度空間的表現。 5. 欣賞別人的作品並重視自己的作品。
材料準備	學生——空鋁罐、塑膠罐、保麗龍膠、熱熔膠、紙盒、塑膠片等。 教師——電腦、單槍投影機。
教學過程	1. 請學生發表廢棄物的妥善利用可改善環境品質之例子。 2. 引導學生選擇適當的「廢棄物」做各種動物或人物造形。 3. 在必要的地方，以色紙、塑膠、蓪草等作裝飾。 4. 互相欣賞作品。
注意事項	1. 空罐必須清洗乾淨才可用。 2. 注意空罐是否有銳利的突起，以免割傷手指頭。

單元十四	ET 來了	
適合年級	五、六年級	
教學時間	120 分鐘（3 節）	**圖**7-14　學生作品 資料來源：引自吳仁芳，1987。
教學目標	1.能運用保特瓶的特色加以造形。 2.能使用適當技法分割保特瓶。 3.能將組件黏接牢固。 4.養成環保習慣。	
材料準備	學生——保特瓶、保麗龍膠、熱熔膠、各種裝飾物。 教師——電腦、單槍投影機。	
教學過程	1.教師以 PowerPoint 說明保特瓶分割解體再組合的方法。 2.學生使用剪刀或美工刀將保特瓶分割、解體。 3.組成 ET 造形並加以裝飾。 4.說出創作要表現的主題是什麼，並互相欣賞作品。	
注意事項	空罐必須清洗乾淨才可用。	

單元十五	紳士和淑女	
適合年級	五、六年級	
教學時間	120 分鐘（3 節）	**圖**7-15　學生作品 資料來源：引自吳仁芳，1987。

教學目標	1. 能運用各種媒材造形。 2. 能注意色彩的變化。 3. 能注意三度空間的表現。
材料準備	學生——空鋁罐、塑膠罐、保麗龍球、保麗龍膠、熱熔膠、蓮草。 教師——各種表情圖片。
教學過程	1. 養樂多空罐或其他空瓶外表漆上壓克力顏料或水泥漆。 2. 引導學生選擇適當的「廢棄物」組構。 3. 以毛線、鈕扣、亮片等作裝飾。 4. 人物的表情是愉悅？還是悲傷？氣憤？在必要的地方，以色紙、塑膠等作裝飾。 5. 互相欣賞作品。
注意事項	空罐必須清洗乾淨才可用。

單元十六	跑步的人	
適合年級	五、六年級	
教學時間	80 分鐘（2 節）	圖7-16　學生作品 （台中縣社口國小）
教學目標	1. 能觀察人在跑步時的動態。 2. 能利用鐵線造形，表現人在跑步時的動態。 3. 能將做好的鐵絲人形，固定於木板底座上。 4. 能欣賞線條之美感。	
材料準備	學生——鐵線、鐵釘、木板底座、鐵鎚、尖嘴鉗等。 教師——人跑步的圖片。	
教學過程	1. 觀察、討論人在跑步時的動態姿勢。 2. 教師示範鐵線彎曲造形的方法。 3. 學生實作。 4. 將做好的鐵絲人形，固定於木板底座上，注意均衡問題。 5. 互相欣賞作品：教師引導兒童欣賞鐵絲造形的線條美感。	

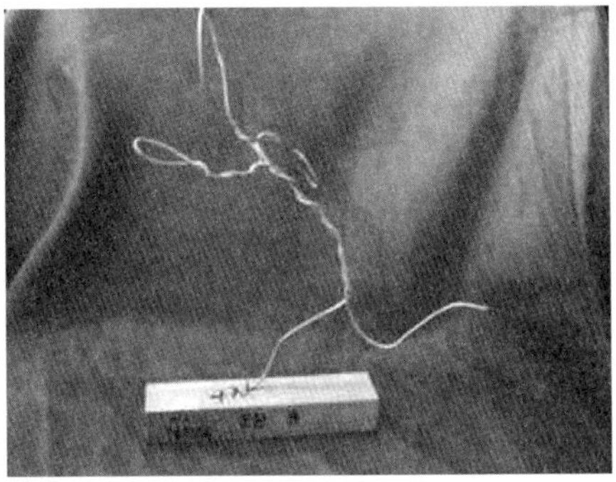

單元十七	校園之樹	
適合年級	五、六年級	
教學時間	80 分鐘（2 節）	**圖 7-17** 學生作品 （台中縣社口國小）
教學目標	1.能觀察校園裡樹木的姿態、特徵。 2.能運用多媒材表現樹的意像。 3.能將整體造形，固定於木板底座上。 4.能欣賞獨特、有創意的造形之美。	
材料準備	學生──鉛筆、八開圖畫紙、彩色鐵線、鐵釘、木板底座、鐵鎚、 　　　　尖嘴鉗、濾網、彩色珍珠板、保特瓶……等。 教師──樹的圖片。	
教學過程	1.觀察校園的樹木，並以鉛筆、圖畫紙畫下草圖。 2.以草圖的造形，利用彩色鐵線做樹的枝幹，以鐵釘固定於底座上。 3.運用各種媒材做樹葉。 4.教師行間巡視，指導各種媒材黏接的技巧。 5.作品欣賞：找出有創意的作品，請製作者上台報告創作的想法， 　　教師引導兒童欣賞。	

單元十八	生日蛋糕
圖7-18　學生作品
（台中市西苑國中）
適合年級	五、六年級	
教學時間	80 分鐘（2 節）	
教學目標	1.欣賞現代藝術圖片，了解多媒材造形的方法。 2.能運用多媒材表現有創意的「生日蛋糕」。 3.能分享多媒材創作的樂趣。 4.能互相欣賞作品之創意。	
材料準備	學生——鉛筆、八開圖畫紙、紙盒、色紙、金蔥、亮片、緞帶、人 　　　　造花、……等。 教師——現代藝術（運用多媒材創作）的圖片。	
教學過程	1.教師以 PowerPoint 欣賞現代藝術圖片，了解多媒材造形的方法。 2.分組構思「生日蛋糕」的造形及媒材。 3.分組創作（2-3 人一組）。 4.教師行間巡視，指導各種媒材黏接的技巧。 5.作品欣賞：找出有創意的作品，請組長上台報告創作的想法，教 　師引導兒童欣賞。	

第 7 章　立體造型教學與實作

單元十九	大蜥蜴	
適合年級	五、六年級	
教學時間	120 分鐘（3 節）	**圖**7-19　　學生作品 （台中縣五福國小）
教學目標	1.能運用紙的媒材造形。 2.能運用高彩度的色彩上色。 3.能以強調動物的特色，作為造形表現。 4.能熟悉黏接物件的方法。	
材料準備	學生—— 舊報紙、透明膠帶、廚房紙巾、白膠。 教師—— 蜥蜴圖片、水泥漆、透明漆。	
教學過程	1.先將學生分組（每組 3-4 人）。 2.小組討蜥蜴的特徵、生活習性等。 3.畫出草圖，用舊報紙和透明膠帶（或細繩）紮出蜥蜴的雛形。 4.上面幾層用廚房紙巾加白膠，做出蜥蜴造形。 5.等紙乾後塗上水泥漆，水泥漆乾後噴上透明漆。	
注意事項	注意身體各部分的黏接必須牢固。	

單元二十	怪物	
適合年級	三、四年級	
教學時間	120 分鐘（3 節）	圖7-20　徐瑋彤、王君安、林亮余 作品
教學目標	1. 能運用軟塑膠管及鐵絲造形。 2. 能用誇大的手法表現怪物。 3. 能欣賞線條之美。	
材料準備	學生——軟塑膠管、鐵絲、透明膠帶、粗吸管（彩色）。 教師——電腦、單槍投影機。	
教學過程	1. 先將學生分組（每組 3-4 人）。 2. 播放 PowerPoint 欣賞線條之美。 3. 小組討論怪物造形畫出草圖。 4. 以軟塑膠管及鐵絲纏繞做出怪物造形，並以彩色吸管裝飾，必要時以小片透明膠帶固定。 5. 固定於木板底座上。	

單元二十一	傀儡戲偶
適合年級	五、六年級
教學時間	160 分鐘（4 節）

圖7-21　學生作品
（台中縣追分國小）

教學目標	1. 能熟悉紙黏土造形的方法，做一個有個性的戲偶。 2. 能運用碎布縫製戲偶的服飾。 3. 能將戲偶的頭與服飾作適當的連接。 4. 能以做好的戲偶作即興式的演出。
材料準備	學生——紙黏土、小塊厚紙板（約 4×7 公分）、透明膠帶、保麗龍 　　　　膠、廣告顏料、水彩筆、棉布、針、線。 教師——透明漆。
教學過程	1. 將小塊厚紙板捲成筒狀，套在食指上，以透明膠帶固定。 2. 在筒狀厚紙板周圍包住紙黏土（紙板下端留一小段不包紙黏土）， 　　做成人物頭部，教師提醒學生要把握人物的個性。 3. 等紙黏土乾後以廣告顏料或水彩上色。 4. 水彩乾後噴上透明漆。 5. 剪裁戲偶的服裝，以平針縫縫製。 6. 以保麗龍膠連接戲偶的頭及服飾。 7. 5-7 人合為一組，作即興式的傀儡戲演出。

參考文獻

胡寶林（1994）。立體造形與積極自我。台北市：遠流。

吳仁芳（1987）。廢物造形之開拓。台北市：中華色研。

吳仁芳（1985）。保麗龍造形教學。台北市：中華色研。

吳仁芳（1987）。色彩立體造形。台北市：中華色研。

陳一中（1998）。紙雕嘉年華。台北縣中和市：新形象。

綠青蜓紙雕製作群（1998）。紙雕教室──動物篇。台南市：府城。

呂嘉靖（2003）。生活陶入門。台北市：積木文化。

岸野和矢（1998）。陶藝教室。台北縣中和市：北星圖書。

李文賢編（2000）。歡樂花燈：提花燈．遊元宵。台北市：雄獅。

呂桂生（1996）。國民小學美勞科教材教法。台南市：南一。

林貞貞編（1993）。第一屆美勞科教學活動設計專輯──立體造形組。台北縣新
　　店市：中華民國教材研究發展學會。

林曼麗等（2001）。藝術．人文．新契機──藝術與人文全人教育研討會論文
　　集。台北市：藝術館。

第 8 章

課程規劃與教學活動
設計之要點與實例分享

温惠珍

教學的基本模式根據我國學者張春興的論點，是教師先確立教學可達成的目標，再評估學生的起點行為，根據教學目標、起點行為，參酌學校的資源、師資、社區特性等，設計適當的教學活動，進行教學，並運用教學評量檢視教學目標、教學設計是否恰當，若不恰當則修正後再教學、再評量，如此周而復始，直到達成教學目標為止（張春興，1996）。因此，教學是一個動態的過程，教師必須依據學生的起點行為，擬定教學目標與教學計畫，進行教學和評量，並以評量結果不斷修正的過程。

九年一貫課程「藝術與人文」教學是以涵育人文為目的，藝術陶冶為手段，培養學生十大基本能力，而分段能力指標即是在落實三大主軸目標「探索與表現」、「審美與理解」、「實踐與應用」。將能力指標轉化成教學目標是設計教學活動的第一步，轉化的步驟和方法，在第 2 章中已經說明，本章將針對如何依據教學目標、學生經驗等，設計一份適切可行的教學活動和評量。

當然，課程發展的模式很多，有所謂工學模式、過程模式等，工學模式的課程是以教學者為中心的發展模式，其發展步驟為：確立目標、設計課程、教學活動、學習評量。過程模式的課程是以學習者為中心的發展模式，它重視學生的經驗，強調能力的獲得。教師在設計課程時，最好參照工學模式確立教學目標；在課程實施時，則參照過程模式，以學生為教學的主體，符合學校本位課程的理念。教師必須整合教學資源，以學生為主體，以學校為本位，以生活為核心，發展教師自主的統整課程設計。因此，本章在討論「藝術與人文」教學設計案例之前，對於學校本位與統整課程的理念，有必要加以釐清和說明。

壹 學校本位課程

近年來隨著社會的開放，我國的課程亦朝向多元化、自由化與民主化的方向發展，九年一貫課程綱要中留給學校較大課程自主空間，在實施要點中規定學校課程發展委員會應充分考量學校條件、社區特性、家

長期望、學生需要等相關因素，結合全體教師及社區資源，發展學校本位課程（教育部，2003）。

一、學校本位課程的意涵

何謂學校本位課程發展（school-based curriculum development）？我國學者黃政傑（1985）曾指出：學校本位課程發展是以學校為中心，社會為背景，透過中央、地方與學校三者權力責任的再分配，賦予學校教育人員權力與責任，由他們結合學校內外資源與人力，主動進行學校的課程計畫、實施與評鑑。高新健（2000）也認為：學校本位課程發展是以學校社群的教育理念及學生的學習需要為核心，以學校社群中的教育人員為主體，以學校社區的情境、資源為基礎，針對學校課程所進行的規劃、設計、實施與評鑑。張嘉育（1998）更歸納學校本位課程發展有幾項重要意涵：

1. 重視學校內外各種人力、資源的運用結合。
2. 採廣義課程定義，課程是指在學校指導的一切學生經驗。
3. 既重視發展成果，也強調過程中學校社區成員的參與和學習。
4. 重新定位學校於課程發展中的角色，使「社會－社區－學校－教師」發展成為一種關係夥伴。
5. 重視學校教育人員的自主與專業，將課程研究、課程發展與課程實施結合為一體。
6. 強調多樣化、地方化與適切性，可立即回應社會、社區、學校與學生的需要。
7. 倡導「參與」、「由上而下改革」、「草根式的課程發展」的理念。

二、學校本位課程建構之具體作法

黃義良（2000）認為建構學校本位課程有下列幾點具體作法：

(一) 學校行政層面

1. 建立回饋機制。
2. 採行漸進策略，避免排拒。
3. 提供學校職工之專業進修與成長機會。

(二) 學校教學層面

1. 提升教學專業知能。
2. 建立合作教學的共識與習慣。
3. 提供適宜進修的物理環境與氛圍。
4. 發揮教評會實際的考評功能。
5. 鼓勵教師教學與行動研究。

(三) 學校與社區關係層面

1. 鼓勵家長在參與學校事務中學習。
2. 妥善運用社會資源提供師生學習素材。

(四) 教育行政機關的配合層面

1. 經費的實質補助。
2. 採取激勵措施。
3. 落實授權與責任績效。
4. 加強宣導，拓展理念。

綜上所述，學校本位課程發展可以適應各個學校的情境和個別學生的需求、提升教育的專業地位並促進教師的自我實現、整合人力與資源體現民主決策過程並促進學校自我更新。因此，發展學校本位課程，是每位教師必備的專業知能，就如我國學者張世宗（2004）所言：「未來的教學，固然會需要多元的既成教科書、套裝教材來協助老師執教，但更需要老師自主開發學校本位課程。如此，一方面可以擴充學生的吸收管道；更可融入『在地化』的教材與讓各校得以發展其自有特色。」

學校本位課程在實施時，需要學校成員的參與、合作與對話，而且以學校教學情境從事行動研究，重視教師與學校的自主反省與理解，解決學校教育實際問題。由於各校所居住的環境、組成的人事物、教師所具備的專業能力、家長參與學校事務的多寡皆不相同，因此所需求的、所設計的課程必因人因地制宜而各不相同。

貳 藝術與人文統整課程

為了發展學校本位課程，課程的設計與實施，必要時應採取統整的模式進行。在九年一貫課程綱要「藝術與人文」領域實施要點中，對課程統整也有所規定：「課程設計原則以『主題』統整視覺藝術、音樂、表演藝術等方面的學習，及其他學習領域。」「教材編選時應把握統整的原則，配合教學策略，讓學生能獲得統整的概念和系統化的訊息。」（教育部，2003）

一、藝術課程統整的意涵

何謂課程統整（curriculum integration）？專家學者各有不同的見解：或認為是課程設計的一種努力過程（蔡清田，2000）；或認為是重新安排學習計畫的方法，應視為一種設計的理論（歐用生，2000）；或認為不僅只是組織學科內容的技術，或重新安排學習計畫的方法而已，它是一種課程設計的理論（方德隆，2000）；或認為是將相關的知識內容及學習經驗整合組織在一起（高新建，2000）；或認為是課程組織的一種方式（黃政傑，1991）。總之，課程統整是一種課程的設計，它打破學科的限制，其課程的內容，為師生共同認定的重要問題或議題，並與學校課程及外在社會相關聯。統整課程強調知識的應用，使學習與生活經驗經由互相連結而產生較大的意義。此外，課程的發展由學者專家主導課程設計，轉移至教師的手中，增加教師發展課程的空間，發展真正以學習者為本位的課程。

　　藝術統整課程則是藝術課程設計或課程組織的一種方式，在設計理念上是將單科或分科的學習內容與藝術教學連結起來，使成為有意義的藝術統整課程（徐秀菊，2002）。國內學者黃譯瑩（2001）從心理學、教育學、社會學、哲學等四個不同的層面來探討關於「課程」、「統整」、「課程統整」的本質與意義。從黃譯瑩的觀點，藝術統整課程無論在藝術與心理學、藝術與教育學、藝術與社會學、藝術與哲學各個層面都扮演著重要的角色。因此，藝術課程應與其他學科結合，並且應將藝術知識、藝術經驗與生活相結合，讓學生在藝術的知識、技能以及美感情操各方面，得以完整、全面的發展。

二、藝術與人文課程統整的原則與作法

　　藝術與人文學習領域的統整，雖然規定在九年一貫課程綱要中，但一直遭受質疑與批評，因為視覺藝術、音樂與表演藝術，學科專業分立已久，課程統整實施上頗為困難。在課程綱要中揭示藝術與人文學習領域課程統整之原則：「可運用諸如相同的美學概念、共同的主題、相同的運作歷程、共同的目的、互補的關係、階段性過程之統整等，連結成有結構組織的學習單元；另外『探索與表現、審美與理解、實踐與應用』也以統整為原則。」「課程統整可採大單元教學設計、方案教學設計、主題軸教學設計、行動研究教學設計、獨立研究教學設計等。」

　　課程統整的方式，大致有下列幾種（黃壬來，2002）：

1. 單一學科式的統整：在維持科目或領域的界限下，在每一科目或領域內規劃主題，選擇學習內容；或在現有的教科書中，調整授課的順序，把相類似的教材集中授課。

2. 平行學科式的統整：以某一些共同的主題來安排各科目或領域的學習內容；或是以某一科目或領域為主，其他科目或領域配合安排相關之內容。

3. 科技融合式的統整：當主題出現後，再思考各科目或領域可以教些什麼。

4. 超學科式的統整：完全依據主題所需設計教學活動，不管哪一個

教學活動是屬於哪一科，或哪一科要配合主題什麼樣的內容。

實施課程統整有幾點必須注意：

1. 課程、教學和評量三者一體，有統整的課程也需要有互動的教學，多元真實的評量。

2. 行政上也需要有配套措施，如學習型的學校組織、教師組群協同合作、彈性課表。

3. 將相關主題，但不同學科的活動組合於一主題課程名稱之下，並非課程統整之道，最多是形式上的「假統整」（張世宗，2004）。統整要以學生生活為核心，重視經驗的統整。

4. 統整不但要注重橫的聯繫，也要重視縱的連貫。

5. 過度強調後現代主義多元或差異的價值，將造成科目完整性的消失。

6. 藝術教師專業素養的高低，將影響課程統整的效果。

7. 如果大家都將焦點放在「課程如何統整？」等工具層面的問題如何解決，卻忽略了「人的成長、價值觀」等目的層面人文目標的達成與否其實才是我們統整課程設計的真正意義，那真正是「捨本逐末」、「把工具當目的」了（張世宗，2004）。

依據我國學者張世宗（2004）從「課程結構理論」、「教學系統設計原理」、「統整課程設計原理」的分析與啟示，提出五階段達竿統整課程設計模式（TACAM）：

1. 主題（Theme）——考慮用主題來統攝多元的學習經驗，主題之訂定，應先考慮「人」的因素，再從事、時、地、物以及校方願景等考量決定主題。

2. 分析（Analysis）——應包含：(1)學生（主學習者）特性分析；(2)教學主題內容分析。學生學習特性分析可以參考「能力指標」的內容和實際學生的興趣能力；教學主題內容分析可以引用的「教學主題概念網絡地圖」。

3. 概念（Concepts）——依學生能力和地域特性來量中取質，藉以篩選出切合教學目標的課程主題概念內容。

4. 活動（Activities）——依概念決定要透過什麼管道學習（know-

how）等之考量，亦即此時才決定音樂、表演藝術、視覺藝術等的安排與決定。

5. 教材（Materials）——依學習活動需要選用與開發教材，是教學媒體設計的範疇。

「藝術與人文」教學活動設計要點

一、藝術與人文課程設計的要素

根據美國學者肯柏（J. E. Kemp）的觀點，教學設計的要素主要有四：學習者、目標、方法和評量，這四個基本的要素是組成系統化教學設計的基本架構（陳朝平、黃壬來，1995）。因此教學設計必須探討：

1. 本教材是為什麼人設計的？（學習者的特質）
2. 希望這些學生能學到什麼？（目標）
3. 最好用怎樣的方法來教？（教學方法與學習活動）
4. 用什麼規準和方法來衡量學生是否真的學會了？（學習評量）

以上四個基本的要素互相連結，構成教學設計的主要過程。茲將四個基本要素說明如下：

(一) 學習者的特質

設計教學初期，必須評估學習者的先備知識、經驗、能力、興趣、需求等，因為這些因素將影響整個教學設計。有關學習者特性的資料包括：學校的成績、智力測驗成績、基本技能、預試成績、年齡、學習動機和態度、先前或最近的工作經驗、特殊才能、在不同環境下的工作能力、不同文化背景的學習者……等（徐秀菊，2002）。

(二) 目標

目標是清楚的指出預期學習者完成的學習內容和工作，它是教師在選擇教學活動及組織教學資源的根據，也是教學評量的依據。藝術與人

文領域單元教學目標必須依據分段能力指標，以條列式逐一敘寫。一般而言，教學目標依學習的性質，分為認知、技能與情意三個領域。

(三) 教學方法與學習活動

教學目標訂定之後，教師必須選擇和安排有效的教學與學習活動，以期達成教學目標。教學無特定的模式，各種教學方法都有其優點，也有其限制，教師必須熟諳各種教學法，依據學習者的特質及教學目標，選擇並靈活運用適切有效的方法實施教學。

(四) 學習評量

一般教學設計的程序，從評估學習者的特性、訂定教學目標、選定教學步驟、運用教學資源，到最後即是要發展測驗工具，測量學習者達到教學目標的程度，也就是學習評量。學習評量的方式、評量的人員、評量的標準都要多元化，才能適應學習者個別的差異，也才能使評量的結果更客觀。評量的結果將作為調整教學目標、教學方法或補救教學的依據。

二、藝術與人文課程設計的原則

藝術與人文課程設計有以下幾個原則（徐秀菊，2002）：

(一) 要以學習者為中心

學習的主體是學生而非教師，課程設計必須站在學習者的立場去思考與了解學習者的經驗、能力、興趣、需求等。因此，師生共同參與、引導學生主動學習、教學目標與教材教法更具彈性都是課程設計的要點。

(二) 系統性規劃

所謂系統性規劃是指運用合乎邏輯的順序和方法將藝術課程要素作系統性的安排與規劃，合乎組織化與整合化。所謂組織化，就是學校應

成立「課程發展委員會」、「藝術與人文學習領域課程研究小組」，或組成「班群教學團」、「年級教學團」等組織，並發揮其功能。所謂整合化，是指藝術與人文課程設計應以藝術為主軸，並顧及其他學科之教材以及學科兼教材的連結、學校或社區活動的結合等，並著重主題性、延展性與整合性（李坤崇、歐慧敏，2000）。

(三) 提供生活化與活潑化的學習

學習生活化目的在於將藝術的學習與生活經驗統整，藝術課程的統整教學的內容，必須是真實生活中對個人或社會有意義的議題，也就是與學習者的生活或經驗密切相關的。學習活潑化就是採用多元互動的教學策略，營造活潑化與快樂化的學習情境，使學習者能積極參與，並提高學習的成效。

(四) 注重合作與親師參與

藝術與人文的教學是一繁重的工作，必須團隊合作，各學科藝術教師的協同教學，甚至結合藝術教育學者、藝術家與藝術教師的教學團隊協同教學，都是必要的。另外，藝術與人文的教學必須提供機會鼓勵家長參與，以適當的技巧引導家長了解藝術教學的過程及其重要性。

總之，藝術與人文課程的規劃，須兼顧人格發展、社會文化與自然環境三個面向，在學校本位課程、統整課程的主軸下，以學生生活為核心，參酌社區特色、資源、教師專長、家長期待等因素，進行教師的協同教學與評量。

「藝術與人文」教學活動設計實例

本節將借用曾仰賢老師指導台中教育大學學生設計的統整課程為例，本教學活動設計是採達竿統整課程設計模式加以設計的。

主題：排灣部落尋寶記

表 8-1 「達竿」（TACAM）統整課程設計模式

過程	說明	設計
主題 （Theme）	主題設定以排灣族文化為主。對象設定在屏東縣三地國小高年級的學生，學校願景是希望能融入排灣族真善美的人生，將在地化及生活化的課程融入教學內容進而放眼國際，快樂學習健康成長。	• 排灣部落尋寶記。
分析 （Analysis）	三地國小的學生多以排灣族學生為主，若本身就是排灣族的成員，對排灣的文化便不陌生。校方不僅在校歌及舞蹈上將排灣族的特色融入其中，文化傳承方面更有以排灣為主的木雕、紙雕、石雕、編織、月桃編及貼布繡等課程。 選定排灣文化就是為了讓課程更能貼近學生的生活，並且將主題擴展至排灣各個元素如神話、傳說、建築等，更結合教育的理念將藝術與人文的目標帶進來。	• 學生可先在家詢問長輩關於排灣族的傳說到校分享，教師補充介紹排灣族神話及傳說。 • 排灣族石板屋的親身參訪。 • 排灣的精神象徵——百步蛇。 • 傳統手工藝的理解及實作，如琉璃珠、服飾圖騰、月桃編等。
概念 （Concepts）	1. 認識排灣族傳統服飾美的元素，自行創作發揮，並懂得尊重及欣賞他人作品。 2. 理解百步蛇圖騰對排灣族的意涵，並知道該應用於何處，自己動手操作，練習重複、對稱的概念，最後發表自己的想法。 3. 了解琉璃珠對排灣族的意義，學習審美欣賞，而後進行實作，注重色彩配置及互相尊重的概念	• 排灣族服飾或生活器物的圖騰。 • 排灣族祖靈百步蛇。 • 琉璃珠的意義。
教學單元 （Activities）	1. 認識及了解排灣族之文化特色。認識台灣的原住民文化，並分享自己對多元文化的體驗。 2. 認識琉璃珠及其代表的意義。從琉璃珠的創作中，表達豐富的想像力與創造力。 3. 能表達自己的創作想法，並說明自己和他人作品的特徵和價值。	單元一：巴巴雅伊。 單元二：百步蛇的新娘。 單元三：寶嘉康蒂的琉璃珠。

教材 （Materials）	教師須提供和活動相關的資訊，手動材料由學生自行準備。為能更充分的理解在地文化，選用的教材皆為當地隨手可得的物資。	單元一：編輯製作對開、20頁繪本教材 6 本。 單元二：編輯製作全開規格地圖式捲軸教材一份。 單元三：編輯製作 32 開、24頁排灣族琉璃珠製作流程與賞析手冊 30 本。

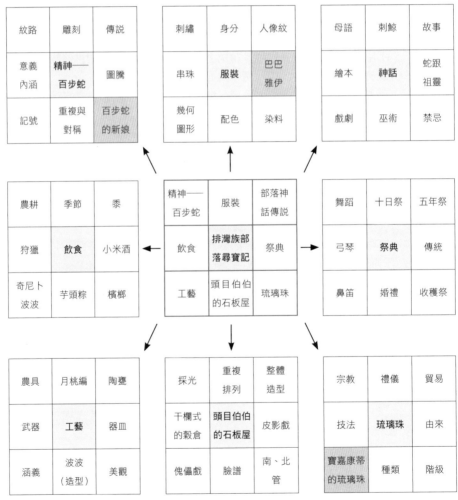

圖8.1　MAP 系統化課程分析圖

「排灣部落尋寶記」主題統整課程設計架構圖

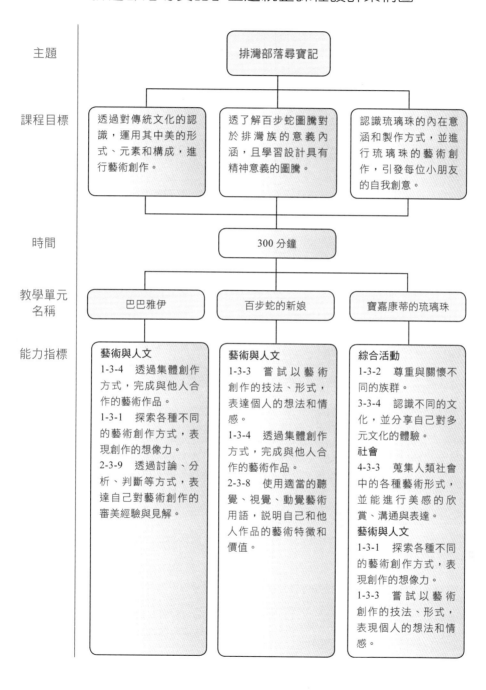

主題　　　　　排灣部落尋寶記

課程目標
- 透過對傳統文化的認識，運用其中美的形式、元素和構成，進行藝術創作。
- 透了解百步蛇圖騰對於排灣族的意義內涵，且學習設計具有精神意義的圖騰。
- 認識琉璃珠的內在意涵和製作方式，並進行琉璃珠的藝術創作，引發每位小朋友的自我創意。

時間　　　　　300 分鐘

教學單元名稱　巴巴雅伊　　　百步蛇的新娘　　　寶嘉康蒂的琉璃珠

能力指標

藝術與人文
1-3-4　透過集體創作方式，完成與他人合作的藝術作品。
1-3-1　探索各種不同的藝術創作方式，表現創作的想像力。
2-3-9　透過討論、分析、判斷等方式，表達自己對藝術創作的審美經驗與見解。

藝術與人文
1-3-3　嘗試以藝術創作的技法、形式，表達個人的想法和情感。
1-3-4　透過集體創作方式，完成與他人合作的藝術作品。
2-3-8　使用適當的聽覺、視覺、動覺藝術用語，說明自己和他人作品的藝術特徵和價值。

綜合活動
1-3-2　尊重與關懷不同的族群。
3-3-4　認識不同的文化，並分享自己對多元文化的體驗。
社會
4-3-3　蒐集人類社會中的各種藝術形式，並能進行美感的欣賞、溝通與表達。
藝術與人文
1-3-1　探索各種不同的藝術創作方式，表現創作的想像力。
1-3-3　嘗試以藝術創作的技法、形式，表現個人的想法和情感。

單元目標

		2-3-7 認識環境與生活的關係，反思環境對藝術表現的影響。 2-3-8 使用適當的視覺、聽覺、動覺藝術用語，說明自己和他人作品的特徵和價值。 2-3-9 透過討論、分析、判斷等方式，表達自己對藝術創作的審美經驗與見解。 2-3-10 參與藝文活動，記錄、比較不同文化所呈現的特色及文化背景。 3-3-11 以正確的觀念和態度，欣賞各類型的藝術展演活動。
1. 能認識排灣族服裝美的元素。 2. 透過美的元素，利用各種媒材表現在創作上。 3 能主動表達自己的想法並尊重、聆聽他人發表的精神。 4. 能欣賞別人的作品，並學習他人優點。	1. 能說出百步蛇圖騰對於排灣族的意義。 2. 能利用色紙，以重複、對稱的概念進行藝術創作。 3. 能找出排灣族的圖騰運用於日常生活的何處。 4. 能合作完成小組的精神圖騰。 5. 能發表自己的想法與感受。 6. 能欣賞別人的作品。	1. 認識及了解排灣族之文化特色。 2. 認識台灣的原住民文化，並分享自己對多元文化的體驗。 3. 認識琉璃珠及其代表的意義。 4. 蒐集排灣族社會中的各種生活模式，並能進一步了解排灣族之美。 5. 從琉璃珠的創作中，表達豐富的想像力與創造力。 6. 能構思表現的主題與內容，選擇適當的媒材技法，完成有感情、經驗與思想的作品。 7. 認識排灣族的環境與生活的關係，反

思環境對藝術表現
的影響。

8. 能欣賞他人作品，
並説出其作品的美
感特質。

9. 能表達自己的創作
想法，並説明自己
和他人作品的特徵
和價值。

10. 從製作琉璃珠的
實作經驗中，培
養其欣賞、審美
及創作的能力。

11. 能欣賞琉璃珠的
作品，並能描述
其美感特質。

12. 能參與戲劇演出
排灣族琉璃珠的
傳説故事。

13. 能夠以正確的觀
念和態度，欣賞
排灣族的各類生
活習慣以及藝術
相關活動。

教學資源

| 1. 教師：準備排灣族服飾ＰＰＴ、學習單、大張壁報紙、厚紙板。
2. 學生：準備剪刀、白膠、水彩、色紙及裝飾品（羽毛、貝殼）。 | 1. 教師：準備繪本「百步蛇的新娘」、學習單、簡報、色紙。
2. 學生：準備剪刀、膠水。 | 1. 教師：排灣族神話故事，排灣族食、衣、住、行等相關圖片，角色扮演故事架構。ＤＶＤ播放機、排灣部落尋寶記ＤＶＤ(公視出版)、學習單、自我檢核表。
2. 學生：蒐集並預習排灣族相關資料、彩色紙黏土一包、竹筷、串繩、美工刀、角色扮演所需的道具。 |

第 8 章 課程規劃與教學活動設計之要點與實例分享

主要
教學活動

第一節

一、準備活動

就由巴巴雅伊（服飾）的照片，老師要同學們猜猜看這是哪一個原住民的服裝。

二、發展活動

1. 活動一：老師透過教學PPT介紹排灣族巴巴雅伊的特色，從中引導出美的元素（如色彩配置、圖像排列、幾何造型），引導學生發表。

2. 活動二：活動前先分組，以組為單位，從中選出一位被裝扮的人，其他同學負責利用各種材料，透過對美的元素認識，設計一件原住民服飾。

3. 活動三：請各組被裝扮的人出來走秀，並且其他成員發表服飾特色。

三、統整活動

整個活動結束後，教師為各組所設計的「原住民服裝」，進行講評作總結。

第一節

一、準備活動

教師講述故事——百步蛇的新娘，之後提出問題：

1. 在這本書中，讓你印象最深刻的是哪一個情節？

2. 書中有看到哪些圖案？

二、發展活動

透過簡報，講述有關百步蛇的傳說與由來，介紹精神圖騰——百步蛇，且引導出百步蛇圖紋對於排灣族的意義。

1. 配合學習單，寫下看到百步蛇圖騰的感覺。

2. 配合剪紙活動，剪出重複、對稱的圖騰，進行藝術創作。

三、統整活動

上台發表自己的剪出的圖騰，並說明感受，進行討論與欣賞。

第二節

一、準備活動

配合圖片欣賞，引發兒童思考圖騰出現在排灣族群的哪些地方，有何用途與意義？

二、發展活動

1. 教師總結圖騰的精神意涵與意義。

2. 小組合作，共同設計一個圖騰，並寫下圖騰代表的精神與意義。

第一節

一、準備活動

1. 以排灣族的神話故事作為開頭，藉由說故事的方式來吸引學生。

2. 展示排灣族食、衣、住、行等相關圖片，並說明介紹其生活習慣、傳統習俗、藝術等等。

二、發展活動

1. 「關鍵人物」。

2. 「開麥拉！」遊戲。

3. 「編劇換你做」。

4. 「大家來演戲」。

三、統整活動

1. 教師總結並說明角色扮演遊戲的意義。

2. 教師與學生分享並討論台灣原住民的風格與特色。

第二節

一、準備活動

1. 教師簡單說明各式琉璃珠的神話傳說與代表意義。

2. 教師放映「風中奇緣」影片片段，提問該情節送什麼琉璃珠最適合？

二、發展活動

1. 播放「下課花路米——排灣族部落尋寶記」的排灣族琉璃珠製作過程。

2. 介紹排灣族串琉璃珠時的禁忌。

3. 介紹琉璃珠的串珠方式。

4. 學生動手操作。

5. 請學生寫下他的創作想法、配色。

三、統整活動
1. 小組共同上台發表作品，進行討論與欣賞。(配合自我檢核表與同儕互評)
2. 教師講評，進行總結。

三、統整活動
總結製作排灣族的琉璃珠意義為何。

第三節
一、準備活動
欣賞琉璃珠之美：
1. 介紹琉璃珠的圖樣元素。
2. 介紹琉璃的串珠形式。
3. 現代琉璃珠藝術品欣賞。
二、發展活動
1. 說明自己的作品。
2. 欣賞同學的作品。
三、統整活動
1. 自評及互評。
2. 歸納及總結。

教學策略

1. 透過問題提問與討論，激發腦力激盪與聯想。
2. 透過分組合作學習，培養團隊互助的精神。
3. 透過認識排灣族服飾之美、進行創意學習。
4. 透過各組成果發表，學習相互欣賞與尊重。

1. 透過繪本、簡報讓兒童從中了解百步蛇的精神意涵。
2. 從各種圖騰的介紹，引導審美與欣賞。
3. 透過藝術創作，引發自我創意。
4. 透過成果發表，學會表達自我與欣賞。

1. 利用戲劇表演活潑的方式呈現排灣族的文化、特色等等風俗民情。
2. 透過琉璃珠簡報、「下課花路米」和「風中奇緣」影片，讓學生更進一步認識琉璃珠的內在意涵和製作方式。
3. 進行琉璃珠的藝術創作，引發每位小朋友的自我創意。
4. 透過排灣族的琉璃珠審美介紹，和學生間作品的彼此欣賞，口頭討論互相學習，達到體認、尊重、欣賞不同文化。

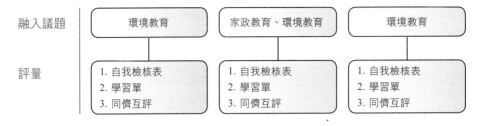

圖8.2 「排灣部落尋寶記」主題統整課程設計架構圖

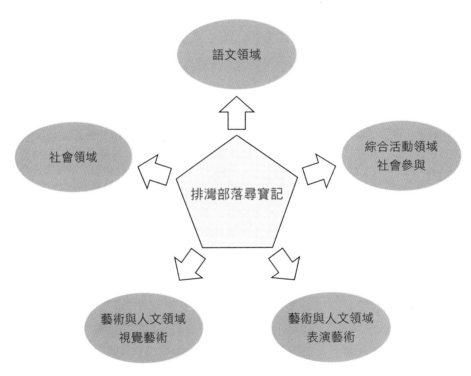

圖8.3 跨領域課程架構圖

表 8-2 「排灣部落尋寶記」教學活動設計

國小藝術與人文學習領域學校本位課程設計

單元名稱	寶嘉康蒂的琉璃珠				
學科內容	藝術與人文領域 社會領域 綜合活動領域	教材 來源	自編	設計者	曾宗駿 賴冠如 陳肇珮
教學對象	國小五、六年級	教材 內容	認識排灣族文化 體驗琉璃珠製作 琉璃珠之美		
學習概念	審美欣賞、色彩配置、相互尊重			教學節數	3 節

教學研究與構想	利用戲劇表演活潑的方式呈現排灣族的文化、特色等等風俗民情,再透過琉璃珠簡報、「下課花路米 」和「風中奇緣」影片,讓學生更進一步認識琉璃珠的內在意涵和製作方式,並進行琉璃珠的藝術創作,引發每位小朋友的自我創意,最後再透過排灣族的琉璃珠審美介紹,和學生間作品的彼此欣賞,口頭討論互相學習,以達到體認、尊重、欣賞不同文化。	
教學資源	教師	排灣族神話故事,排灣族食、衣、住、行等相關圖片,角色扮演故事架構。 DVD 播放機、排灣部落尋寶記 DVD(公視出版)、學習單、自我檢核表。 三地門鄉──深度風采:http://ysweb.npttc.edu.tw 排灣族三珍寶工藝:http://asp.mhsh.ptc.edu.tw 琉璃珠之美:http://www.ttcsec.gov.tw 排灣族琉璃珠:http://www.aborigines.scc.org.tw 琉璃珠:http://web.chinganes.mlc.edu.tw 排灣族的琉璃珠/許美智著/稻鄉出版社/1992 年 11 月。
	學生	蒐集並預習排灣族相關資料、彩色紙黏土一包、竹筷、串繩、美工刀、角色扮演所需的道具。
教材分析	**第一節**──藉由排灣族的神話故事引導學生對排灣族的好奇心,再以排灣族的日常生活為主軸,個別介紹排灣族的食、衣、住、行等各方面的內容,最後以角色扮演的方式,讓學生能夠親身體驗排灣族各個角色所擔任的職務以及其生活特性等。 **第二節**──以「下課花路米 」和「風中奇緣」影片內容介紹「排灣族部落尋寶記」,結合九年一貫課程之十大基本能力之訴求,冀望學生能將人與自己、人與自然、人與社會統整成一共融境界,在此一理念下進行自編教材設計。	

第三節──以公視「下課花路米」之 DVD 內容──「排灣族部落尋寶記」作媒材，結合九年一貫課程之十大基本能力之訴求，冀望學生能將人與自己、人與自然、人與社會統整成一共融境界，在此一理念下進行自編教材設計。

能力指標	教學目標
綜 1-3-2　尊重與關懷不同的族群。 綜 3-3-4　認識不同的文化，並分享自己對多元文化的體驗。 社 4-3-3　蒐集人類社會中的各種藝術形式，並能進行美感的欣賞、溝通與表達。 藝 1-3-1　探索各種不同的藝術創作方式，表現創作的想像力。 藝 1-3-3　嘗試以藝術創作的技法、形式，表現個人的想法和情感。 藝 2-3-7　認識環境與生活的關係，反思環境對藝術表現的影響。 藝 2-3-8　使用適當的視覺、聽覺、動覺藝術用語，說明自己和他人作品的特徵和價值。 藝 2-3-9　透過討論、分析、判斷等方式，表達自己對藝術創作的審美經驗與見解。 藝 2-3-10　參與藝文活動，記錄、比較不同文化所呈現的特色及文化背景。 藝 3-3-11　以正確的觀念和態度，欣賞各類型的藝術展演活動。	綜 1-3-2-1　認識及了解排灣族之文化特色。 綜 3-3-4-1　認識台灣的原住民文化，並分享自己對多元文化的體驗。 綜 3-3-4-2　認識琉璃珠及其代表的意義。 社 4-3-3-1　蒐集排灣族社會中的各種生活模式，並能進一步了解排灣族之美。 藝 1-3-1-1　從琉璃珠的創作中，表達豐富的想像力與創造力。 藝 1-3-3-1　能構思表現的主題與內容，選擇適當的媒材技法，完成有感情、經驗與思想的作品。 藝 2-3-7-1　認識排灣族的環境與生活的關係，反思環境對藝術表現的影響。 藝 2-3-8-1　能欣賞他人作品，並說出其作品的美感特質。 藝 2-3-8-2　能表達自己的創作想法，並說明自己和他人作品的特徵和價值。 藝 2-3-9-1　從製作琉璃珠的實作經驗中，培養其欣賞、審美及創作的能力。 藝 2-3-9-2　能欣賞琉璃珠的作品，並能描述其美感特質。 藝 2-3-10-1　能參與戲劇演出排灣族琉璃珠的傳說故事。 藝 3-3-11-1　能夠以正確的觀念和態度，欣賞排灣族的各類生活習慣以及藝術相關活動。

單元目標	學習活動	教學資源	評量方式
認識及了解排灣族之文化特色。	第一節 **一、準備活動** 1.教師以排灣族的神話故事作為開頭，藉	故事相關插圖等	教師講述

	由説故事的方式來吸引學生。例如：		
	(1) 和排灣族祖先來源有關的傳説 古時候，太陽來到世間，產下兩個紅白顏色的蛋，並且指定百步蛇保護它們。兩個蛋孵出一男一女，這兩個人就是排灣族的貴族。另一説法是兩個蛋孵出「兩個神」，即排灣族的祖先。		
	(2) 排灣族神話故事——「盪鞦韆的愛情故事」 述説著一對苦戀的情侶——露古與本仍，因為出身頭目貴族的露古與平民本仍的身分懸殊，遭到頭目的百般刁難，要本仍拿到老鷹的羽毛、雲豹的牙齒、刻有百步蛇紋飾的刀，以及珍貴的琉璃珠，才能將露古娶回家，所幸有化作雲豹的老人相助，本仍才得以迎娶美嬌娘。		
蒐集排灣族社會中的各種生活模式，並能進一步了解排灣族之美。	2. 教師展示排灣族食、衣、住、行等相關圖片，並説明介紹其生活習慣、傳統習俗、藝術等等，讓學生能進一步了解。例如： (1) 排灣族有嚴格的階級制度，大致上分為頭目（mamazangilan）、貴族、勇士、平民四個階級。其中貴族又因與頭目的關係親疏分為二至三個等級。 (2) 排灣族的藝術表現，除了服飾之外，就屬雕刻最為世人稱道。有著階級制度的排灣族，只有貴族才能擁有家屋的雕刻品，如門楣、立柱。連日常生活使用的連杯、湯匙、梳子及男人的裝飾禮刀刀柄都受此限制。雕刻的題材以神話傳説、狩獵生活、祖靈像為主。另一種藝術的表現，是在人的身體肌膚，也就是一般人所謂的刺青。刺青的表現僅止於女子的手背，男子的前胸、後背。凡是村落中的貴族或有特殊功績，由頭目賜予裝飾身體的	排灣族食、衣、住、行等相關投影片	學習單（附件一）

	權利。刺青的圖案也代表了當事人的社會階級。 (3) 頭目與貴族也享有裝飾上的特權,例如酷似百步蛇紋的雄鷹羽毛、高貴的琉璃珠、特殊的圖案(人頭紋、百步蛇紋)。目前,服飾上頭目專屬的圖紋已經開放,倒是頭飾上的專利還被許多部落所遵守,不敢踰越。裝飾權的開放意味著頭目在族人心目中的實質意義已經降低,加上行政體系的介入,新興宗教的傳入,有些部落的頭目已經有名無實,只有在傳統祭儀或慶典時才會突顯他的地位。 (4) 階級制度為世代所承襲,排灣族是個兩性平等的社會,家族的財產、權利由長嗣繼承。其餘的兄弟姊妹於結婚後搬出本家,另立家屋、家名。因此許多部落出現了女性的頭目掌理部落的決策事宜。		
能參與戲劇演出排灣族琉璃珠的傳說故事。	二、發展活動 1.「關鍵人物」 教師講述排灣族的神話故事,如琉璃珠的神話故事,並讓學生記錄每個故事的主角,例如孔雀之珠的「孔雀」、「公主」與「頭目」;盪鞦韆的愛情故事中的「露古」與「本仍」等等。 2.「開麥拉!」遊戲 (1) 老師說:「我要演孔雀之珠」,每組推派的「導演」,就要將孔雀、公主與頭目的詞卡自黑板拿下,交給老師即可過關得分。 (2) 能就詞卡組合說出故事大綱者,可為該組再獲一分。 3.「編劇換你做」 隨機抽取三張詞卡,想一想,這些腳色會迸出怎樣的劇情?將故事寫在編劇換你做學習單上,並畫出簡單的四格漫畫。	戲劇劇本 場景道具 詞卡	編劇換你做學習單(附件二)

	4.「大家來演戲」 　(1) 學生分組後，選擇一個故事，進行角色分配。 　(2) 設計簡單的象徵性道具輔助角色搭配。 　(3) 以講台為舞台，學生分組上台表演故事內容。 **三、統整活動**		
能夠以正確的觀念和態度，欣賞排灣族的各類生活習慣以及藝術相關活動。	1. 教師總結並說明角色扮演遊戲的意義： 在我們逐步了解了排灣族的文化背景和由來之後，能夠再以第一人稱的方式，去體驗他們所扮演的角色，並能夠學習尊重與接納不同族群的文化等。再者能夠發揮同學們的想像力，讓這些傳說的神話故事，更為吸引人，藉此發揮同學們的創造力以及對想像事物的延伸。		老師講述
認識排灣族的環境與生活的關係，反思環境對藝術表現的影響。	2. 教師與學生分享並討論台灣原住民的風格及特色： 總結了以上對排灣族種種的認識與體驗之後，最後就是讓學生發表在排灣族這多元的文化特色中，最喜歡或最特別的事物有哪些，並加以討論其保留少數族群文化的方式以及對於多元文化的包容及認同。		
	～本節完～		
認識及了解排灣族之文化特色。	第二節 **一、準備活動** 1. 教師簡單說明各式琉璃珠的神話傳說與代表意義。 例如： 　(1) 高貴之珠（母利母利蛋）：在屋內煮飯，所產生的煙霧、蒸氣，從天窗升上，跟天地打招呼，表示「我還在」。 　(2) 勇士之珠（馬拉利蓋）：在狩獵、戰場上有英勇表現，頭目會送給你一顆勇士之珠，來表揚你的英勇，如同今天的勳章。	琉璃珠 PPT	老師講述

<table>
<tr><td></td><td>(3) 太陽之珠：傳說大頭目和太陽有一個約定，如果頭目出事了，天上會出現彩虹，號召世界各地的排灣族的子弟們趕快回來。
(4) 幸運之珠（馬羅拉珠那）：即盤升。如果頭目喜歡一個平民，由於身分地位不同，頭目會送給對方幸運之珠，表示你是配得做我的丈夫或太太。或送給參加考試的朋友，祝他平安、金榜題名。
(5) 土地之珠：是招財成功的象徵。
(6) 孔雀珠：有一個孔雀王子深愛著大頭目的女兒，很想娶她為妻，王子從天際飛翔而下，撒下絢麗多彩的琉璃珠作為聘禮，公主隨後消失在彩虹的另一端，象徵愛情。</td><td></td><td></td></tr>
<tr><td>能完成琉璃珠的學習單。</td><td>2. 教師放映「風中奇緣」影片片段，提問該情節送什麼琉璃珠最適合？例如：
(1) 頭目包華頓該頒給勇士高剛——勇士之珠。
(2) 如果寶嘉康蒂要嫁給高剛的話——高貴漂亮之珠。
(3) 寶嘉康蒂與莊邁斯之間的愛情——孔雀之珠。
(4) 如何讓莊邁斯晉升為印地安人的貴族階級——幸運之珠。
(5) 包華頓如何向英國的侵略者闡述領土的主權——土地之珠。</td><td>「風中奇緣」影片</td><td>學習單（附件三）</td></tr>
<tr><td>能認識排灣族琉璃珠的製作過程和禁忌。</td><td>**二、發展活動**
1. 教師播放「下課花路米——排灣族部落尋寶記」的排灣族琉璃珠製作過程：</td><td>「下課花路米——排灣族部落尋寶記」影片</td><td>教師講述實作評量</td></tr>
</table>

步驟	方法	過程
步驟 1	配色及切塊	把配好顏色的晶土原料，切成一小方塊，再用圓形棒從中間穿透過。
步驟 2	塑形	把晶土往中間擠壓，捏好形狀之後將圓形棒取出。
步驟 3	風乾	將琉璃珠放置在外面風乾兩天。
步驟 4	窯燒	放到窯裡燒兩天。
步驟 5	串珠	將主珠置於中央下擺，兩邊再依對稱、由大而小編排。

	2. 教師介紹排灣族串琉璃珠時的禁忌： (1) 男性不能串珠。 (2) 家中辦喪事者，也不能串珠。 (3) 丈夫出去打仗，妻子也不能串珠。 3. 教師介紹琉璃珠的串珠方式： (1) 中間先放「母利母利蛋」。 (2) 兩旁以較小成對的珠子依序串成。		
從製作琉璃珠的實作經驗中，培養其欣賞、審美及創作的能力。	4. 學生動手操作：琉璃珠 DIY 　製作琉璃珠之四大步驟： (1) 夾心餅乾：取出數片顏色不同的彩色紙黏土，然後將其層疊排列，之後將其切成一小方塊一小方塊（方塊的大小可自訂）。取一小方塊，用竹籤穿過其中心。 (2) 整形手術：用手力將小方塊往竹籤中心上下推壓，使其成一橢圓形狀。使小方塊形成波浪狀的花紋。 (3) 吸收日月精華：上面步驟完成後，將其從竹籤上取下，排放好，拿至陰涼處風乾。 （註：省略窯燒步驟，因紙黏土不需經此一製程，其相異於晶土的材質，但傳統琉璃珠製程上，則必須待風乾 2-3 天後，再經窯燒烤一烤這個程序才行喔！） (4) 串珠：將製作完成的數顆琉璃珠，依個人喜好排列順序，再用棉線將其一一串上後打結，美麗的琉璃珠手環、項鍊、戒指……等就完成囉！	美工刀 彩色紙黏土 筷子 串繩	實作評量
能主動表達自己的想法並有尊重、聆聽他人發表的精神。 培養對傳統文化的關懷之情與行動力。	5. 請學生為自己做的琉璃珠命名，還有寫下他的創作想法、配色。 **三、統整活動** 1. 教師總結製作排灣族的琉璃珠意義在於：「琉」住排灣之寶，是我們探究傳統文化或傳統技藝的一個起點，從我們今天神話傳說的講述、欣賞的影片、動手做的過程……等的活動，讓大家認識了排灣族之寶——「琉璃珠」的文化特色，除了		自我檢核表（附件四）

能體認對於鄉土文化或技藝所肩負之重責大任。	體驗及尊重多元文化之美外，更希望能藉此喚起大家對鄉土文化的關懷之情與行動力，並將意識化為具體行動，讓台灣的每一寸鄉土，都能展現其活絡的生命力。 ～本節完～		口頭討論
從製作琉璃珠的實作經驗中，培養其欣賞、審美及創作的能力。 能欣賞琉璃珠的作品，並能描述其美感特質。	第三節 **一、準備活動** (一) 欣賞琉璃珠之美 1.介紹琉璃珠的圖樣元素（採先發問、再做介紹） 　(1) 形狀：大部分為圓柱狀，此外還有球狀、（圓）桶狀、鑽石形狀、南瓜形狀、算珠狀等。 　(2) 花紋：點狀、眼睛形狀、漩渦、條紋、螺旋花紋。 　(3) 色彩： 　　① 綠色：深、淺、透明及不透明。 　　② 黃色：鉻黃及檸檬色、大多不透明。 　　③ 藍色：普魯士藍及深藍色，深、淺、透明及不透明。 　　④ 紅色：紅棕及朱紅、罕見深紅，大多不透明。 　　⑤ 白色：純白、淺灰、淺藍，不透明。 　　⑥ 黑色：純黑、淺灰、不透明。 　　⑦ 藍紫色：透明及不透明。 　　這些珠子有不同類型的花紋與形制，各有特定的名稱。 2.介紹琉璃的串珠形式 　(1) 重複串 　(2) 對稱串：中間的部位串有貴重的多彩琉璃珠，兩旁的部分各為對稱中小型單色琉璃珠。 　(3) 單串：由大型與中小型琉璃珠所組成。	圖片介紹 （附件五） 圖片介紹 （附件六）	學習單 （附件九）

能欣賞琉璃珠的作品，並能描述其美感特質。	3.現代琉璃珠藝術品欣賞（採自由發問） 　造型及色彩趨向多元多變化，在藝術品或裝飾用途上皆發光發熱、多采多姿。 　(1) 說出藝術品的美感。 　(2) 欣賞藝術品及創意。 二、發展活動 1.說明自己的作品：採自發性上台分享。 2.欣賞同學的作品：老師指定學生上台分享與讚美同學的作品美感特色。 三、統整活動	圖片欣賞 （附件七）	
能表達自己的創作想法，並說明自己和他人作品的特徵和價值。 能欣賞他人作品，並說出其作品美感特質。	1.自評及互評 　贈珠儀式：教師選出表現優異的學生，頒發「琉璃珠獎勵卡」以資鼓勵，依名次不同而贈予不同卡片（由高而低依序續為：高貴之珠→勇士之珠→幸運珠）。 2.歸納及總結：藉由影片的播放、故事傳說的講述、自己動手製作琉璃珠、審美……等活動，除了希望大家認識排灣族之寶──「琉璃珠」的文化特色、體驗及尊重多元文化之美外，更希望能藉此喚起大家對鄉土文化的關懷之情與行動力，並將意識化為具體行動，讓台灣的每一寸鄉土，都能展現其活絡的生命力。 ～本節完～	琉璃珠獎勵卡（附件八）	學習單 （附件十）

參考文獻

方德隆（2000）。課程統整的模式與實務。國立高雄師範大學學報，*11*，181-212。

李坤崇、歐慧敏（2000）。統整課程理念與實務。台北市：心理出版社。

徐秀菊（2002）。師資培育的行動研究：*IC* 方案課程研發計畫成果集。花蓮：花蓮師範學院。

高新建（2000）。以基本能力及能力指標為本位發展統整課程。教育資料與研究，*33*，12-18。

張世宗（2004）。達竿統整課程設計模式初探。國立台北師範學院學報，第 17 卷第 2 期，79-103。

張春興（1996）。教育心理學：三化取向的理論與實踐。台北市：台灣東華。

張嘉育（1998）。認識學校本位課程發展。中華民國課程與教學學會主編，學校本位課程與教學創新（頁 23-47）。台北市：揚智。

教育部（2003）。國民中小學九年一貫課程綱要。台北市：教育部。

教育部（2003）。藝術與人文學習領域教學示例手冊。台北市：教育部。

陳朝平、黃壬來（1995）。國小美勞科教材教法。台北市：五南圖書出版公司。

黃壬來（2002）。藝術與人文教育。台北縣：桂冠。

黃壬來（2007）。藝術與人文教育。台北市：師大書苑。

黃政傑（1985）。教育與進步。台北市：文景。

黃政傑（1991）。課程設計。台北市：東華。

黃義良（2000）。中小學的「學校本位課程」模式與建構策略之探討。國教天地，*139*，40-46。

黃譯瑩（2001）。活動課程與九年一貫活動課程。應用心理研究，*9*，215-251。

楊龍立（2003）。九年一貫課程與文化。台北市：五南圖書出版公司。

歐用生（2000）。課程改革。台北市：師大書苑。

蔡清田（2000）。學校本位課程發展之設計。屏東教育季刊，*1*（3），15-21。

附件一：學習單

頭目 ●   ● 象徵男人代表力量和權威。

平民 ●   ● 以勞力換取生活需求，追隨頭目的族人。

五年祭 ●   ● 遠看像百步蛇鱗片，排灣族人說那是百步蛇的衣服。

善死者 ●   ● 享有住屋、衣服、頭飾上的特權，如人頭、百步蛇圖騰等。

婚禮 ●   ● 刺福球：以三、四層樓高的竹製祭竿，刺拋擲在空中的祭球。

陶壺 ●   ● 以布條綁身成蹲坐姿勢，控洞葬下，之後在上面蓋上四塊石板。

青銅刀 ●   ● 頭目家專屬的珍藏品，有公母、陰陽之分。

琉璃珠 ●   ● 相傳為排灣族的祖先。

石板屋 ●   ● 代表財富，也象徵女性的貞節與美麗。

百步蛇 ●   ● 小米、酒、檳榔、山豬肉、芋頭。

附件二

編劇換你做

故事劇情：

四格漫畫：

1.	2.
3.	4.

附件三

班級：_____　　年_____　　班_____　　座號：____　　姓名：_____

琉璃珠的神話傳說
「有一個孔雀王子深愛著大頭目的女兒，很想娶她為妻，王子從天際飛翔而下，撒下絢麗多彩的琉璃珠作為聘禮，公主隨後消失在彩虹的另一端，因此又稱為『孔雀珠』。」

連連看：
小朋友，排灣人依據神話傳說、分工階級、生命禮儀、神靈信仰及天地人觀，為每一顆珠子命名，並賦予象徵的意義。欣賞完「風中奇緣」的影片，現在要請你們來告訴老師，根據影片中劇情該如何贈送琉璃珠最適合呢？

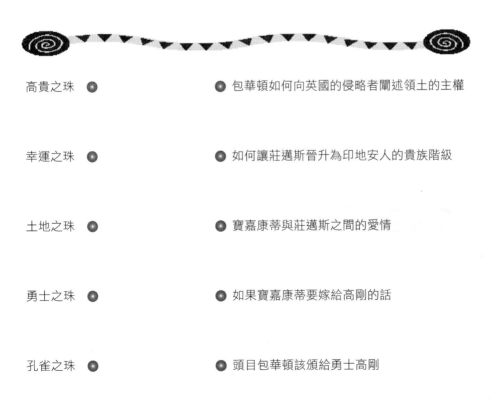

高貴之珠　●　　　　　　　● 包華頓如何向英國的侵略者闡述領土的主權

幸運之珠　●　　　　　　　● 如何讓莊邁斯晉升為印地安人的貴族階級

土地之珠　●　　　　　　　● 寶嘉康蒂與莊邁斯之間的愛情

勇士之珠　●　　　　　　　● 如果寶嘉康蒂要嫁給高剛的話

孔雀之珠　●　　　　　　　● 頭目包華頓該頒給勇士高剛

附件四

班級：_____　年_____　班_____　　座號：____　姓名：_____

小朋友，今天的課程下來，你是不是對自己的表現滿意呢？現在老師要請小朋友們為你們自己打分數，你覺得自己做到了哪些，並在框框內打勾！

一、我的琉璃珠：

命名：_____

我的琉璃珠傳說：_____

二、

自我檢核	好棒	不錯喔	再加油
1. 認識琉璃珠傳說	☺	😐	☹
2. 完成學習單連連看	☺	😐	☹
3. 認識琉璃珠製作過程	☺	😐	☹
4. 知道琉璃珠製作禁忌	☺	😐	☹
5. 了解琉璃珠串珠方式	☺	😐	☹
6. 完成琉璃珠創作	☺	😐	☹
7. 主動收拾工具和垃圾	☺	😐	☹
8. 幫琉璃珠命名	☺	😐	☹
9. 發表我的琉璃珠傳說	☺	😐	☹
10. 發表自己的感想	☺	😐	☹

• 我還有些話想跟老師說：

附件五

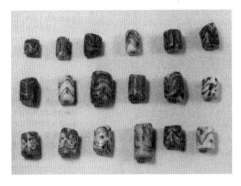

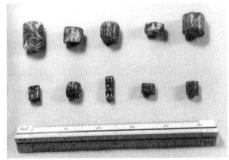

1. 形狀：

   大部分為圓柱狀，此外還有球狀、（圓）桶狀、鑽石形狀、南瓜形狀、算珠狀等等。

2. 花紋：

   點狀、眼睛形狀、漩渦、條紋、螺旋花紋等。

3. 色彩：

   (1) 綠色：深、淺、透明及不透明。

   (2) 黃色：鉻黃及檸檬色、大多不透明。

   (3) 藍色：普魯士藍及深藍色，深、淺、透明及不透明。

   (4) 紅色：紅棕及朱紅、罕見深紅，大多不透明。

   (5) 白色：純白、淺灰、淺藍，不透明。

   (6) 黑色：純黑、淺灰、不透明。

   (7) 藍紫色：透明及不透明。

這些珠子有不同類型的花紋與形制，各有特定的名稱。

附件六

重複串

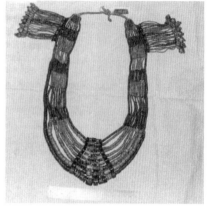

重複串

單串

附件七

M-223	M-224	M-231	M-232	M-233
M-241	M-237	M-236	M-235	M-234
M-255	M-256	M-257	M-261	M-262
M-267	M-266	M-265	M-264	M-263
M-282	M-283	M-284	M-285	M-286
M-293	M-292	M-291	M-288	M-287
M-311	M-321	M-331	M-332	M-333

第 8 章　課程規劃與教學活動設計之要點與實例分享

附件八

琉璃珠獎勵卡

說明：贈珠儀式中，由教師依學生之整體表現頒贈琉璃珠獎勵卡給學生，成績由高
而低依序頒給：高貴之珠（第一名）、勇士之珠（第二名）、幸運之珠（第三
名）。

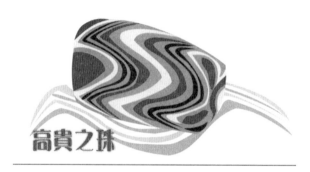

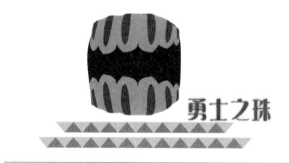

附件九

琉璃之美在哪裡？

請小朋友欣賞此琉璃圖片，並在這些圖片中選一張琉璃珠圖片，形容一下琉璃珠的
外型、顏色、花紋，並寫下你對圖片中琉璃珠的感覺。

圖一　　　　　　　圖二　　　　　　　　圖三

圖四

	我選擇_____圖片
形容你所選的琉璃珠	
（外型、顏色、花紋）	
寫下對你所選琉璃珠的感覺	

班級：_____　　　學號：_____　　　姓名：_____

附件十

琉璃珠作品欣賞與分享

我是＿＿＿＿＿＿＿＿＿＿ 我與＿＿＿＿＿＿＿＿＿＿共同分享我所做的琉璃珠。

我很欣賞＿＿＿＿＿＿＿＿＿所做的琉璃珠	
請繪出你最欣賞他所做的琉璃珠造形與花樣。	請寫下為什麼欣賞他所做的琉璃珠。
請繪出自己所做的琉璃珠造形及花樣。	請寫下自己所做的琉璃珠特色及想表達什麼？

國家圖書館出版品預行編目資料

視覺藝術領域教材教法／溫惠珍等合著.
－初版.－臺北市：五南，2010.10
面；　公分
ISBN 978-957-11-6102-0（平裝）
1.美術教育　2.視覺藝術　3.小學教學
523.37　　　　　　　　　　　99017384

1IUS
視覺藝術領域教材教法

總 策 劃 － 楊思偉
主　　編 － 黃嘉勝(302.6)
作　　者 － 溫惠珍　王麗惠　曾仰賢　沈翠蓮
　　　　　　王曉菁
發 行 人 － 楊榮川
總　　編 － 龐君豪
主　　編 － 陳念祖
責任編輯 － 李敏華　雅典編輯排版工作室
封面設計 － 童安安
出 版 者 － 五南圖書出版股份有限公司
地　　址：106台北市大安區和平東路二段339號4樓
電　　話：(02)2705-5066　傳　　真：(02)2706-6100
網　　址：http://www.wunan.com.tw
電子郵件：wunan@wunan.com.tw
劃撥帳號：01068953
戶　　名：五南圖書出版股份有限公司
台中市駐區辦公室 ／ 台中市中區中山路6號
電　　話：(04)2223-0891　傳　　真：(04)2223-3549
高雄市駐區辦公室 ／ 高雄市新興區中山一路290號
電　　話：(07)2358-702　傳　　真：(07)2350-236
法律顧問　元貞聯合法律事務所　張澤平律師
出版日期　2010年10月初版一刷
定　　價　新臺幣330元